I0011554

El Libro Práctico del Programador Ágil

Un enfoque integral y práctico para el desarrollo de software mediante las mejores prácticas de código limpio, refactoring, testing, principios de diseño y gestión de la configuración.

El Libro Práctico del Programador Ágil ©

Rafael Gómez Blanes, 2019

contact@rafablanes.com

www.rafablanes.com

Primera Edición #01#

Dedicado a mis hijas y familia

Índice

Introducción_

Este es un libro práctico.

Todo lo que vas a leer en los capítulos siguientes va a ser lo que hace falta para cubrir el ciclo de vida completo de una aplicación software desde su concepción hasta su entrega o puesta en producción.

Vas a entender que «programar» no es lo mismo que la Ingeniería del Software: en este trabajo te vas a acercar más a esta última disciplina y vas a comprender que no basta con teclear código para hacerlo bien.

En mi anterior trabajo técnico («El Libro Negro del Programador»), hablaba de experiencias y condiciones del entorno que hacen que un proyecto software fracase, casi siempre por las mismas razones. Ahora me centraré en lo práctico.

Realizar un producto software, ya sea en forma de app móvil, aplicación web, aplicación basada en la nube, un sencillo producto mínimo viable (MVP), un proyecto bajo una arquitectura de microservicios o cualquier otra cosa que te puedas imaginar, requiere de mantener una serie de etapas e ideas claras y, por supuesto, tener la disciplina técnica necesaria para aplicar una serie de buenas prácticas.

¿Cuáles son esas buenas prácticas? ¿Son todas de carácter técnico o también organizativo? ¿Y por qué las reúno en El Libro Práctico del Programador Ágil?

Tengo que confesar algo: yo no me he inventado ninguna de esas prácticas que, por otra parte, aparecen dispersas en libros académicos y de Ingeniería del Software, literatura de autores bien conocidos como Martin Fowler, Robert C. Martin, Kent Beck y otros, e incluso artículos de programadores a punto de convertirse en abuelos y que han visto un poco de todo a lo largo de su carrera profesional.

Pero sí he realizado un trabajo arduo de seleccionar las prácticas más habituales para comenzar a introducirnos en todas esas áreas sin perdernos y hacerlo de forma ordenada, basado en mi experiencia programando, gestionando equipos de desarrollo y liderando el diseño y arquitectura de productos, que es lo que vengo haciendo en los últimos diez años, cuando pasé de «programador», a seguir siendo desarrollador de software y tener además otras responsabilidades laborales y empresariales. Y es que yo, a mis cuarenta y pico años en el momento de escribir esto y más de veinte años dedicado a este sector, he podido ver un poco de todo.

No he encontrado hasta ahora un manual o guía en el que se aborden cuestiones relacionadas con el software un poco sutiles de entender por quienes llevan poco tiempo en la profesión. Del mismo modo, veo cómo las ignoran profesionales que sí llevan muchos más años en ella, evitándolas de forma consciente o inconsciente, generando software costoso de muy mala calidad, por pura ignorancia técnica, pereza, o quién sabe qué.

Escribir buen software requiere plantearse cuestiones importantes: ¿En qué consiste la calidad de una aplicación? ¿Qué espera el negocio a largo plazo de mi trabajo? ¿Es igual una aplicación desarrollada sabiendo que no va a cambiar nada desde el momento en que se entrega a otra que sabemos que necesitará soportar muchos cambios en los próximos años? ¿Por qué se produce un efecto acumulativo en todos esos detalles que cuidamos en el día a día mientras escribimos código? ¿Tiene coste económico la deuda técnica?

Un momento, ¿la deuda qué? Si sabes qué es lo que se llama «código limpio», pero no lo aplicas en tu día a día mientras programas, si solo aplicaste algún patrón de diseño cuando estudiabas, si oíste hablar de principios de diseño dentro del mundo del software ágil pero nunca te paraste a tratar de aplicarlos, si no tienes tiempo de crear tests a medida que creas código de producción (o incluso antes), si tu código está lleno de comentarios o solo lo entiendes tú, si pasas la mayor parte de tu tiempo corrigiendo errores o los responsables de tu departamento continuamente te invitan a reuniones crispadas o te envían correos que temes abrir... Por favor, sigue leyendo, es más, te imploro que avances hasta la mitad del libro al menos. Solo eso podrá suponer un antes y un después en tu trabajo como desarrollador.

Este libro es un desarrollo con algo de más profundidad de algunos de los seminarios de calidad de software que he impartido en los últimos años. Y, en mi opinión, no existe, por el momento, un trabajo similar, ni en castellano ni en inglés, que aborde todas y cada una de las cuestiones que afectan a la producción de un software de calidad de forma integral.

Del mismo modo, algunos de los comentarios a El Libro Negro del Programador, trabajo que publiqué en el 2014, con una edición revisada en 2017, y que, para mi sorpresa, vino a cubrir un hueco importante en la literatura en castellano sobre todo aquello que causa que un proyecto software fracase, recibí comentarios en el sentido de ir más allá y abordar la práctica y no quedarme puramente en la teoría. Este nuevo trabajo es la respuesta también a todas esas peticiones y sugerencias que han llenado mi buzón de correo de contact@rafablanes.com

Antes de continuar, tengo que decirte algo importante: programar es una tarea difícil. Cualquiera se construye una choza a menos que se lo proponga, pero no un rascacielos de trescientos metros.

Se pueden aprender conceptos básicos de programación en un curso de unas semanas y terminar realizando una sencilla aplicación que funciona y hasta dominar algunos conceptos claves de programación orientada a objetos, sea en el lenguaje que sea independientemente de la tecnología que se use. Y está bien.

Pero en este libro voy a hablar de programar para el ámbito profesional y desde un enfoque ágil, en el que se espera que un producto o proyecto software:

○ Sea fácil de entender.
○ Sea mantenible, esto es, que sea capaz de admitir cambios y evolucionar a un coste razonable y con comodidad.
○ Tenga coherencia y homogeniedad en todos y cada uno de sus archivos de código.
○ Que no tenga duplicidades innecesarias.
○ Que sea fácilmente desplegable en diversos entornos.
○ Que esté suficientemente respaldado por tests de diversos tipos.
○ Que haya sido creado por un equipo con una cultura procedimental suficiente y ágil al mismo tiempo (con metodología ágil y cultura de gestión de la configuración).
○ Que todos y cada uno de los desarrolladores hayan pasado la mayor parte de su tiempo creando código de producción en lugar de corregir errores y depurar.
○ Que se «huelan» ciertas prácticas de diseño básicas así como ciertos principios de diseño.

Hablo desde la experiencia de ver (y haber trabajado como consultor de calidad para algunas compañías) cómo un software que ha crecido caóticamente se ha tenido que tirar a la basura, y también desde la experiencia de haber dirigido algunos proyectos limpios que han evolucionado con comodidad y que actualmente están en funcionamiento en distintas partes del mundo.

¿Es difícil? En absoluto, lo único difícil es tener en cuenta esta visión, en cierto modo, holística, acerca del desarrollo de software y mantener cierta disciplina para que sepamos seguir trabajando con calidad a pesar de las presiones o los hitos de entrega demasiado apurados.

Las prácticas de código limpio no deben quedarse dentro de esos libros que muchos conocemos y que adornan las estanterías de nuestras oficinas (y luego no las aplicamos o revisamos en nuestro día a día), los refactorings quedan muy bien para hablar de ellos pero de nada sirven si no hacemos un «commit» con el mensaje tipo «pull up method», por poner un ejemplo, diseñar software para su testeabilidad sigue siendo un concepto que me cuesta trabajo explicar, porque solo vale verlo en la práctica, aplicar principios de diseño conscientemente (como S.O.L.I.D., junto con Inyección de Dependencias, Inversión de Control y otros) solo hace aumentar la calidad de nuestra aplicación y... todo ello, junto, consigue que nuestro proyecto admita cambios con poco esfuerzo, que sea fácilmente mantenible, entendible y hasta que podamos reutilizar grandes partes del mismo en otros proyectos.

Una aplicación software de calidad no consiste solo en escribir código que funciona (es necesario pero no suficiente), hay muchos otros temas que rodean su desarrollo e igual de importantes. Hablaré también de la buena organización de los «assets» de un proyecto, de la gestión de configuración, etc.

Programar bien, la experiencia me lo ha demostrado estos años en que mis hijas están a punto de salir solas por el centro de la ciudad..., se trata más bien de una actitud profesional continua y activa.

No te lo voy a negar, esta profesión es dura, requiere de cierta vocación, y, a la vez, tienes que lidiar con empresas cuyo modelo de negocio está basado en un precio / hora muy bajo y también con compañeros con una actitud de salir del paso al coste que sea, dinámicas de grupo chungas y algún gurú que solo puede trabajar solo.

De lo único que voy a hablar aquí es de tener éxito construyendo software de calidad desde el punto de vista de su mantenibilidad, lo que quiere y espera cualquier negocio que necesita en sus cimientos de aplicaciones para seguir siendo próspero y obtener buenos resultados.

Las recetas están muy claras desde hace años, lo que contrasta con la actividad diaria que veo en muchas de las empresas que visito con departamentos de tecnología y un mercado laboral que (afortunadamente), demanda muchos desarrolladores, con un background de formación de todo tipo (desde «codecamps» hasta cursos de un mes, módulos profesionales de dos años, las titulaciones universitarias de ingeniería, etc., cuando no un autoaprendizaje de lo más heroico).

Confío en que sea cual sea el momento profesional en el que te encuentres actualmente, después de la lectura de El Libro Negro del Programador, y ahora este nuevo trabajo de título El Libro Práctico del Programador Ágil, tengas una visión integral de todo lo que hace que un proyecto software esté realmente bien concebido y desarrollado.

Presentación_

Conocí a Rafael como consecuencia de contactar con él para intercambiar opiniones sobre el contenido de su primer trabajo «El Libro Negro del Programador». Descubrí una persona enfocada en lo que yo entiendo como «desarrollar buen software», concepto que retomo más adelante y que considero escaso en nuestro país.

En ese primer encuentro, percibí que estaba frente a un profesional de dilataba experiencia en el desarrollo software y que ambos teníamos mucho más en común sobre lo que es programar con profesionalidad, de lo que imaginé previamente.

Nuestros perfiles y carreras profesionales son muy distintos: Rafael es desarrollador, ingeniero informático, empresario, gestor de equipos de desarrollo y autor de libros. Como podéis comprobar leyendo sus trabajos y viendo sus proyectos, conoce muy bien las bases del desarrollo software. En mi caso, he realizado prácticamente todas las funciones conocidas en Ingeniería del Software, pero en los últimos años me he especializado en la formación en todos los aspectos relacionados con la calidad («software quality»).

Precisamente, mi gran preocupación es el insuficiente conocimiento de los desarrolladores por las pruebas (o testing) y por calidad de software. Me gustaría aprovechar la oportunidad de redactar esta introducción al presente trabajo «El Libro Práctico del Programador Ágil», para trasmitir un gran descubrimiento personal: para ser un gran profesional del desarrollo software, es imprescindible conocer las bases de las técnicas de pruebas y tener un adecuado enfoque sobre la calidad de software. Y, obviamente, profundizar en las temáticas expuestas en este libro.

A continuación, expongo algunas reflexiones y también los motivos por los que realizar unas pruebas adecuadas y que te ayudan a ser un gran desarrollador:

○ **Probar al 100% un software complejo, es imposible**. De la formación en fundamentos de las pruebas, se concluye que la complejidad y casuística de un software de tamaño medio (500 KLOC) impide probarlo al completo. Es muy posible que un software con un coste de codificación de un año, pueda necesitar varios años probarlo al 100%. Por tanto, cualquier software viable económicamente, fallará en producción y todos debemos ser conscientes de esta realidad. Ahora bien, esos fallos deben ser de bajísimo impacto y muy baratos de resolver, y la elección de la solución técnica por parte del desarrollador es crucial.

○ **Probar el software al 100% es muy caro pero no realizar pruebas es aún más caro.** Son innumerables las conversaciones con mis alumnos hablando de las pérdidas económicas derivadas de no realizar adecuadas comprobaciones en su momento. Uno de los aspectos críticos para conseguir un software rentable económicamente, es disponer de una adecuada estrategia de pruebas y la implicación de los desarrolladores en las mismas. Elegir el momento y la forma de las pruebas tiene un impacto económico muy alto, especialmente las pruebas del desarrollador (ver «pirámide de pruebas»). El conjunto de factores que intervienen en el éxito de un proyecto software (y sus antipatrones) los podéis encontrar en los libros de Rafael. Un experto en pruebas y calidad de software permite maximizar la inversión en esas dos áreas minimizando los efectos de los bugs no detectados.

Pirámide de Pruebas

○ **Las pruebas te ayudan a identificar la arquitectura adecuada para el software.** Los enfoques de empezar por las pruebas antes de la codificación, tienen más de 30 años (1986) aunque se han popularizado con marcos como Scrum (1995), XP y TDD (1999). Aunque parezca contraintuitivo, imaginarse cómo probar el software antes de iniciar su codificación, permite identificar enfoques de arquitectura más simples y mantenibles. Es habitual la situación de un software finalizado difícil o imposible de probar y con un alto coste de mantenimiento. Un desarrollador debe analizar las técnicas y herramientas de pruebas automatizadas unitarias, de componente, de integración y sistema, antes de iniciar la codificación o en etapas tempranas del desarrollo.

○ **Un software técnicamente bueno es insuficiente, debe ser útil para el cliente**. No importa la tecnología, las muchas horas de desarrollo, ni las pruebas realizadas; si el software no aporta valor al cliente que lo contrata, el software no es bueno. Una adecuada estrategia de pruebas de aceptación realizadas antes del inicio de la codificación son vitales para crear un software útil. Buenas prácticas y marcos como Scrum, ATDD, BDD y especificación por ejemplos, que se encuentran dentro de lo que se denomina «Agile Testing», pueden ser mecanismos valiosos para este objetivo.

○ **Las pruebas te ayudarán (y hasta te obligarán) a aplicar las buenas prácticas de codificación**. Es habitual la conversación con mis alumnos sobre adquirir los buenos hábitos de codificación que Rafael describe en sus libros. Un desarrollador puede encontrar una gran ayuda para aplicar estas buenas prácticas realizando algunas técnicas y herramientas básicas de pruebas de caja negra (como clases de equivalencia, valores límites, tablas de decisión, máquinas de estado) y de caja blanca (cobertura de sentencias, ramas / decisiones, rutas / caminos y condiciones). Yo estoy convencido de que muchas de las buenas prácticas de codificación vienen derivadas de las pruebas o al menos de conseguir desarrollar un software «testable» o fácil y barato de probar. Es más, seguir las buenas prácticas de código limpio, patrones y refactorings en el día a día (cuya descripción de las más habituales vas a encontrar en este libro), contribuirán con toda seguridad a que el software sea «testable».

○ **Las pruebas permiten al desarrollador ganar tiempo (y salud)**. Cada vez que encuentro lo que considero «un buen producto software», le hago a su desarrollador las mismas preguntas: ¿Haces pruebas? ¿Por qué pruebas? ¿Dejarías de probar? ¿Cómo le dices a tu cliente que pague por las pruebas? Sus respuestas son siempre similares a estas expresiones: «Claro que pruebo, soy un desarrollador. Pruebo para tener menos preocupaciones cada vez que tengo que refactorizar el código. Cada vez que me equivoco, un test me avisa en el momento. No dejaría de probar porque perdería tiempo y salud buscando el origen de errores complejos de localizar. Yo no cobro aparte por probar, yo cobro por desarrollar software probado».

○ **El rol del tester no es ejecutar las pruebas del desarrollador**. Si algo he aprendido en los últimos años es que los desarrolladores debemos respetar el trabajo de un tester y reconocer su valiosa aportación a través de su objetividad, independencia y experiencia. Recomiendo la lectura de libros como «How Google Test Software» y las propuestas de ISTQB (cuyos programas de estudio son gratuitos) para entender la función del tester. El tester no está para ejecutar manualmente nuestras pruebas, ya que ese es el trabajo de un sistema de integración continua o de la automatización (descritos también en este trabajo de Rafael). La función del tester es seleccionar las mejores pruebas para conseguir un software más barato y en menos tiempo. Si algún lector tiene interés en este aspecto, sólo tiene que acercase a una de mis charlas, preguntar a Rafael o podemos realizar un encuentro para debatirlo.

Por tanto, ¿qué se considera un «buen software»? Como indiqué anteriormente y después de enumerar algunos de los aspectos que considero claves para las pruebas realizadas por un desarrollador, indico que lo que considero como buen software:

○ Es útil para cliente que lo paga. Aporta más beneficio que el coste de construirlo y mantenerlo.

○ El software cambiará, es inevitable, ya que si no, haríamos hardware. El software debe permitir cambios, rápidos, baratos y sin fallos graves derivados del cambio.

○ El software debe tener una calidad adecuada al presupuesto y a la criticidad del mismo. El software perfecto, que no falle, es una falacia pero sus fallos no pueden dañar al negocio donde se usa.

Me produce una gran alegría y satisfacción profesional el hecho de que Rafael se identifique con orgullo con un desarrollador que cree en la adecuada calidad del software y las pruebas, especialmente en la prevención del fallo del software (función del «Quality Assurance» o QA).

Quisiera aprovechar la oportunidad de redactar esta introducción para agradecer a MTP, la empresa para la que trabajo y en la que he desarrollado gran parte del conocimiento en Calidad de Software, el haber apostado y confiado en mí durante tantos años.

Espero que los desarrolladores y los profesionales del desarrollo software vean en una adecuada estrategia de pruebas y las buenas prácticas recopiladas por Rafael, una gran ayuda para realizar buen software.

Aurelio Gandarillas, @aureliogan
Software Engineer / Quality Expert

Una pequeña historia_

Recibí la llamada mientras iba de camino a Madrid en el AVE (tren de alta velocidad de mi país) sobre las siete y cuarenta y cinco de un miércoles cualquiera. Era un antiguo compañero con el que coincidí trabajando en una empresa multinacional durante varios años. Parecía desesperado.

Nuestros caminos laborales se distanciaron hacía años, de modo que no tenía ni idea de a qué se dedicaba en ese momento exactamente. Su voz parecía algo angustiada. Era el responsable del equipo de desarrollo para una compañía que, por decirlo de alguna manera sin que parezca grandilocuente, mantiene cientos de clientes por todo el país. A los pocos minutos, después de ponernos algo al día y de interesarnos por nuestras respectivas familias, fue directo al grano: «no sé si pronto va a llegar un día en que las aplicaciones que mantenemos nos van a explotar en la cara y será imposible seguir funcionando con ellas, y el negocio de los clientes depende de su buen funcionamiento completamente».

Rápidamente comprendí de qué hablaba: los clientes a los que se refería, dependían del correcto funcionamiento de un conjunto de aplicaciones más o menos complejas, que comenzaron a desarrollarse hacía mucho tiempo y, de forma imprevisible, fueron creciendo cada vez más, y muy rápido, con diferentes versiones, formas de desplegar según el cliente, particularidades hecha «a medida», y una avalancha inmanejable de peticiones de mejoras y más y más funcionalidad, de modo que lo que al principio no eran más que simples programas de escritorio con algunas vistas y una base de datos sencilla, terminó convirtiéndose en un monstruo con decenas de aplicaciones dispersas que «no hablaban entre ellas», repositorios de datos muy grandes y con deficiencias de diseño y cientos de usuarios utilizándolas continuamente en diversos puntos del país.

Y, por supuesto, el esfuerzo de añadir cualquier nueva funcionalidad era cada vez mayor, con errores en producción con cada nueva actualización y un equipo que dedicaba más horas a depurar y corregir errores que a añadir código de nuevas funcionalidades. Lógicamente, el equipo trabajaba bajo un estrés crónico mientras que el negocio perdía dinero por los sobrecostes en el mantenimiento de las aplicaciones en los clientes.

No ha sido la primera vez que me he encontrado con un escenario similar, me he topado con esta situación más veces de las que me gustaría y resolver el entuerto, no es para nada sencillo. En ocasiones lo sufrí yo mismo en los primeros años de mi carrera profesional, en otras, me contrataron precisamente para evaluar el estado de un sistema, introducir buenas prácticas de desarrollo y, quizá, hacer un diagnóstico de resultado demoledor sobre el estado actual de un proyecto (algo que nunca gusta a sus responsables ni a quienes han participado en él, me temo).

Un proyecto software del que se espera que evolucione durante muchos años «explotará» necesariamente cuando:

○ Es difícil entender qué hace en un primer vistazo.
○ No hay tests o los que hay son insuficientes y apenas se mantienen.
○ El código es difícil de leer y se presenta «sucio».
○ La organización de los proyectos es caótica.
○ El equipo no está familiarizado con técnicas de código limpio, de refactoring, patrones y principios de diseño.
○ No existe una gestión de la configuración (o ésta se confunde con el uso de la herramienta de control de versiones), por tanto, tampoco hay un control de versiones exhaustivo.
○ Se cambia código en producción sobre la marcha para corregir al vuelo errores críticos.
○ Cada desarrollador trabaja, por decirlo de algún modo, «a su aire», con su propio estilo, con sus propias normas, de modo que en el proyecto se aprecia «la mano» de cada programador; esto es, no existe una cultura común de proyecto.
○ No se usan herramientas tipo ALM («application lifecycle management») o, si se utiliza alguna, apenas se mantiene salvo en los ilusionantes momentos de las primeras etapas del proyecto.
○ Y un largo etcétera.

Tiempo después me reuní con este antiguo compañero en las oficinas de su empresa.

Después de una mañana analizando las aplicaciones de las que era responsable, la deuda técnica de lo que leí aparecía continuamente por todos sitios, desde los archivos de código con clases más largas que El Quijote, «templates» html tan ofuscados que eran imposibles de mantener y cambiar hasta diseños de bases de datos deficientes: no había diseño (se utilizaba orientación de objetos tan solo para empaquetar funciones, las bases de datos eran simplemente almacenes de tablas con gran número de columnas, sin apenas diseño relacional, y un largo etcétera). Y ya no hablemos de la arquitectura.

No pude más que decirle que tenía un verdadero problema: se podía ver claramente que estaban muy lejos de cumplir e implementar las buenas prácticas que conducen a generar un proyecto «mantenible», y, además, estaban lejos de poder «productivizar» las diferentes versiones que tenían para distintos tipo de clientes.

O lo que es lo mismo: habían hecho mucha programación, pero no habían realizado ninguna Ingeniería del Software.

Como profesionales, lo que queremos es gestionar correctamente un proyecto software que sabemos que va a cambiar en el futuro, pero para el que ni siquiera sospechamos en qué medida lo hará y ni siquiera qué características pedirán el negocio y los clientes.

¿Existe un modo de garantizar en el día a día que la aplicación en la que trabajamos soporte cambios de manera fácil ahora y dentro de muchos años?

¿Podemos vivir tranquilos en este sentido y saber que todo va creciendo con cimientos sólidos, costes razonables y acotados y evitando que surjan errores críticos en producción?

Así es, este libro es una respuesta a esa pregunta.

Sobre el autor_

Actualmente trabajo como director de desarrollo de software y de negocio en Solid Stack (www.solidstack.es), compañía desde la que tratamos de establecer un paradigma de desarrollo basado en las buenas prácticas, buen ambiente de trabajo y, sobre todo, productos de calidad que hacen que establezcamos con nuestros clientes una relación a largo plazo.

Me titulé como Ingeniero Superior en Informática por la Universidad de Sevilla (España) en el año 2000. Desde entonces ha llovido mucho, he pasado por muchísimas experiencias laborales y profesionales y he visto cómo un gran número de tecnologías caían en la mayor obsolescencia mucho antes de lo previsto.

También emprendo proyectos propios de diversa naturaleza, algunos de los cuales he terminado «integrándolos» en la misma compañía para la que trabajo, como Picly.io.

Comparto mi actividad profesional con la escritura en forma de artículos técnicos, que publico en www.rafablanes.com y en Medium, y también con la publicación de novelas bajo el seudónimo de G. Blanes ("Patricia", "Las Trillizas y el Club de Escritura" más las que vienen en camino).

En 2014 publiqué El Libro Negro del Programador; es muy posible que ese trabajo te haya traído hasta este nuevo libro, buscando todas las recetas técnicas de las que hablaba en el primero.

De las compañías en las que he trabajado, no muchas, a decir verdad, Telvent Energía (ahora perteneciente a la francesa Schneider Electric) marcó profundamente mi desarrollo profesional. Gracias a esa empresa, pude participar en proyectos de muchos tipos: nacionales e internacionales, de I+D+i, desarrollo de prototipos, tocando tecnologías muy diversas. Desde C++ hasta que adoptamos la primera versión de .NET framework (no más lagunas de memoria!!!). Pude trabajar programando en ocasiones durante doce horas al día y hasta fines de semana cuando los hitos apretaban. También tuve la oportunidad de participar en diversos equipos de trabajo, algunos de ellos internacionales.

Estuve desplazado en Suecia en 2006 durante año y medio en un proyecto para una compañía eléctrica, lo que me permitió ver de primera mano una cultura laboral diferente (aparte de hartarme de bollitos de canela y de pasar muchísimo frío). Tanto yo como mis compañeros, sufrimos muchas crisis en Gotemburgo en el proyecto para el que trabajábamos, pero las fuimos superando todas hasta atesorar una gran experiencia que ahora recordamos todos con mucho cariño. Si para progresar hay que salir de «tu zona de confort», entonces ya creo que salí de ella, y mucho en aquella época, hasta convertirse casi un hábito para mí hasta el día de hoy.

A partir de mi experiencia sueca, comencé a dirigir pequeños equipos de trabajo en los que decidía completamente la arquitectura y el diseño (y no lo digo con soberbia, todo lo contrario, ese papel viene de la mano de una gran responsabilidad), y también lo más relevante de los desarrollos. También empecé a participar en la redacción de licitaciones y a viajar a muchas partes del mundo incluidas las oficinas de Microsoft en Seattle, y también empecé a interesarme por todo lo relacionado con la cultura del «open source» y del desarrollo ágil y tratar de implantarlo en la compañía para la que trabajaba. Comenzaron mis primeras experiencias como «freelance», emprendedor y como consultor externo que traté de compatibilizar fuera de mis responsabilidades laborales.

Ya por el 2010/2011 sentía que necesitaba un cambio de rumbo total en mi carrera profesional, de modo que la oportunidad se me presentó poco después. En 2012 dirigí la creación para Telecontrol STM (compañía muy ligada al sector eléctrico en mi país) de una oficina dedicada exclusivamente al desarrollo de software, con recursos, tiempo y equipo suficiente para desarrollar la Plataforma de Telegestión IRIS, un producto que a día de hoy está funcionando con éxito en diversos países: único producto, misma versión, en distintas instalaciones con sus particularidades y usando mucho el concepto de «Inversión de Control» para conseguirlo, como veremos en uno de los capítulos de este libro.

Desde entonces, toda mi actividad ha estado dedicada al desarrollo de productos (más que de proyectos) y al emprendimiento de proyectos lo más escalables posible, con mayor o menor éxito, tratando de incidir en todas las buenas prácticas que detallo en este trabajo.

En 2017 decidimos realizar un proceso de «re-branding» y fundar una compañía propia de nombre Solid Stack en lo que era la división software de Telecontrol STM para que así no se nos ligara tanto al sector eléctrico.

De la mano de metodologías «lean», lanzamos a comienzos de 2018 un gran proyecto del que por el momento estoy muy orgulloso y que comencé yo mismo realizando un simple prototipo (MVP o «producto mínimo viable»); se trata de Picly, un servidor de imágenes al vuelo, todo un reto de desarrollo por tratarse de un producto ciertamente complejo, así como organizativo y de gestión. Picly está realizado en NodeJS y utiliza como base de datos Redis.

Del mismo modo, en estos últimos años me han contratado para realizar algunas charlas así como para impartir seminarios relacionados con el código limpio, refactoring, software ágil, testing y auditorías de calidad de proyectos, volviendo a sorprenderme de la falta alarmante de esta cultura en entornos profesionales.

Puedes encontrar algunos de mis repositorios de código en github.com/gomezbl y sin ninguna duda te puedes poner en contacto conmigo en contact@rafablanes.com.

Lector incansable, practicante de yoga y de running, soy padre de dos niñas maravillosas que intento que no se interesen demasiado por el desarrollo de software...

Confío en que este trabajo te resulte de utilidad y que con él des un salto de nivel en tu desempeño profesional.

Qué es la calidad del software_

¿Cómo podemos discernir que una aplicación es de mayor calidad que otra?

Todos defendemos nuestro trabajo, sin ninguna duda, aunque hay elementos subjetivos para ello pero también otros muy objetivos e incontestables.

Lejos de plantear una definición demasiado académica y siendo pragmáticos, podemos decir que un software es de calidad no solo cuando cumple correctamente la funcionalidad requerida y le aporta valor al cliente que la usa (y que paga por ella), además, lo consideramos de mejor calidad cuando el coste de su mantenimiento es bajo y la dificultad para introducir nuevos cambios (nuevos requisitos) también es baja o trivial (esto último es, en realidad, el mantra de todo este libro, de modo que lo vas a leer a menudo hasta que se grabe en tu ADN de desarrollador).

Fácil de decir, pero en cierta medida, difícil de conseguir. Como muchos otros temas, lo simple no siempre es fácil. Esta es la definición de calidad de software que, en mi opinión, es más interesante considerar en el día a día como programador en cualquier compañía, porque lo que persigue cualquier empresa es rentabilizar al máximo cada esfuerzo que se realiza en crear un nuevo producto.

Muchos desarrolladores, por falta de experiencia o por presiones en tiempo o ausencia de disciplina metodológica, nos quedamos atascados en ese primer aspecto de la calidad que comentamos en el párrafo anterior: cumplir la funcionalidad y punto, dejando la implementación de la funcionalidad X del primer modo en que la hemos escrito y resuelto, y así se queda hasta el final de los tiempos, suponiendo en ocasiones un auténtico lastre y acumulando una deuda técnica que algún día nos pasará factura, a nosotros o a los compañeros que tengan que retomar el proyecto.

Sin embargo, ya sabemos que en cualquier negocio o proyecto, salvo excepciones muy contadas, a nuestro código se le va a requerir cambiar, sí o sí. Precisamente de esa realidad («todo software va a sufrir cambios»), en esencia, nació el movimiento de software ágil como forma de abordar mejor el código que escribimos, dando lugar a técnicas específicas, metodologías, técnicas de pruebas, al concepto de diseño ágil, etc.

Métete esto bien en la cabeza: debemos escribir código pensando en que sufrirá cambios necesariamente. La capacidad de aceptarlos determinará el coste de mantenerlo e incluso el éxito o fracaso del proyecto. Y ya sabes, si tu trabajo fracasa, te obligarán a buscarte otro.

Recapitulemos: no programamos únicamente para cumplir con cierta funcionalidad que se exige en la aplicación «hoy», también para hacer funcionar un negocio (que es el que paga en última instancia), y pocos negocios hay estáticos y que no tengan que cambiar, optimizarse o mejorar continuamente; en ello está además la esencia de la nueva economía de este siglo, en la que aparecen productos de un día para otro al mismo ritmo que otros evolucionan o desaparecen.

Es cierto que no existe una bola de cristal que nos anticipe qué cambios en concreto tendremos que introducir, pero veremos que, sin suponer más esfuerzo, podemos programar de un modo que facilite en el futuro la inclusión de nueva funcionalidad. Si, por poner un ejemplo, te cuestionas de verdad que crear tests te «retrasa» o piensas que programar bajo principios de diseño es un rollo (porque aún no comprendes bien su razón de ser y entiendo que muchos de ellos son sutiles de captar), entonces trabajas bajo una dinámica de pan para hoy y hambre para mañana y todavía no sabes que esas prácticas, en realidad, mejoran tu productividad y la calidad de tu trabajo.

En este sentido, es fácil determinar si una aplicación es de calidad o no, tan solo tenemos que mirar los siguientes aspectos:

○ El código es simple (fácil de entender). La habilidad de un buen programador reside básicamente en encontrar soluciones sencillas a problemas que no lo son tanto, y también en la capacidad de desmenuzar un problema grande abstrayéndolo en otros muchos más pequeños y manejables.

○ También es legible (fácil de leer y de seguir). El código debe ser fácil de leer por cualquier miembro del equipo y debe poder ser asumido con facilidad por cualquier nuevo miembro que se incorpore. Me atrevo a decir que no hacen falta gurús para hacer las cosas bien.

○ Existen tests que proporcionan una cobertura suficiente, esto es, un porcentaje alto de todo el código de la aplicación está cubierto por pruebas, y éstas son de distinto tipo, como veremos en el capítulo dedicado al testing, que es un tema extraordinariamente amplio de modo que un tester en condiciones tiene habilidades técnicas diferentes a las de un desarrollador. Digamos que, con los pies en la tierra y siendo prácticos, nuestro proyecto debe contar al menos con buena batería de tests unitarios y de integración.

○ El diseño y el código es homogéneo y coherente. No programamos del primer modo que se nos ocurre al tratar de solucionar algo, esto puede valer en una primera aproximación, sino que se debe mantener el diseño seguido en toda la solución y estar alineada con el resto del código de la aplicación en estilo, uso de librerías externas, normas consensuadas de hacer las cosas, etc. Nada peor que identificar una parte específica de un proyecto en el que se reconoce la mano concreta de un compañero.

○ El desarrollador dedica la mayor parte de su tiempo a añadir nueva funcionalidad, no a corregir bugs. Si pasamos mucho tiempo detectando o corrigiendo errores, entonces ya sabemos que la aplicación se aleja de la definición de calidad que hemos dado más arriba y, por tanto, queda mucho trabajo para mejorarla.

○ A producción (entorno final en donde se ejecuta la aplicación para dar servicio al cliente) solo llegan pequeños defectos, si es que existen, pero nunca errores críticos, porque ya hemos hablado al comienzo que el coste de probar exhaustivamente un software de cierto tamaño es extraordinariamente alto. No es profesional liberar una versión de nuestro proyecto de modo que en explotación presente errores graves que impidan el buen funcionamiento de la actividad que soporta. Siguiendo el símil de los arquitectos... ¿os imagináis un edificio que al día siguiente de su inauguración comienza a mostrar grietas?

○ Las métricas más básicas dan buenos valores. Existen muchas métricas para evaluar diferentes aspectos del código, pero algunas básicas son fáciles de obtener y nos pueden ayudar a detectar ciertos problemas, como el número de líneas por método, la complejidad ciclomática, detección de código que nunca se ejecuta, etc.

En los siguientes capítulos hablaremos de todos estos aspectos y los describiremos a nivel técnico con mayor detalle.

Por qué el software se corrompe_

Lo he visto en demasiadas ocasiones: una aplicación es concebida inicialmente para realizar un conjunto reducido de tareas, pero, con el tiempo, se va tratando de incluir más y más funcionalidad no esperada al comienzo, y a veces se intenta introducir con calzador cuando el diseño es demasiado rígido y monolítico.

Como hemos visto, esto es lo natural. Lo que debería ser un éxito (se pide nueva funcionalidad porque lo anterior funciona y es de utilidad) se termina convirtiendo en una auténtica patata caliente imposible de mantener y cualquier nuevo cambio cuesta más y más esfuerzo (y dinero) de introducir, cuando nos vemos obligados a repensar completamente el diseño y arquitectura de la aplicación.

También lo he visto (y sufrido) demasiadas veces: los responsables de esas aplicaciones son reacios a reconocer el problema y suelen echar balones fuera y mantenerse dentro de cierto caos antes que asumir profesionalmente que se ha alcanzado un punto crítico en el que hay que tomar decisiones desagradables. También existe el sutil arte de exponer este problema a los responsables del negocio, porque tampoco podemos hacer magia, vaya.

El resultado es siempre el mismo: después de mucha frustración, se llega inevitablemente a la conclusión de que hay que rehacer partes completas de la aplicación cuando no tirarla a la basura en casos extremos y comenzar desde cero.

No podemos perder la perspectiva: si se trata de un proyecto con cierto carácter lúdico que has liberado en un repositorio en Github, Codeplex, o un módulo personal en NPM, etc., bien, no pasa nada, aunque adviertas que no eres responsable de su uso, tan solo te ha costado el esfuerzo en tiempo que le hayas podido dedicar (que, en cualquier caso, sirvió para aprender y aumentar la experiencia); pero si se trata de un proyecto empresarial (con un cliente que paga), todo lo anterior se traduce en costes dolorosos y, seguramente, un equipo frustrado por trabajar en una aplicación difícil. Nada peor que te endosen un proyecto así imposible de evolucionar en el que ni siquiera has participado. Alguna de mis peores experiencias profesionales viene de ahí, de tratar de asumir un proyecto software que solo comprendía el mismo que lo hizo...

Recordemos lo que acabamos de decir en secciones anteriores: todo software requerirá de cambios inevitablemente. Si no se diseña para admitirlos, entonces nos encontraremos tarde o temprano con una aplicación corrupta y el escenario descrito párrafos más arriba.

La buena noticia es que se puede evitar, trabajando desde el inicio del proyecto en la línea correcta y con iteraciones de mejoras continuas a lo largo de la vida del proyecto.

Pero, ¿por qué llega a corromperse una aplicación con el paso del tiempo a medida que la hacemos cambiar?

A continuación enumero una lista con algunas de la razones:

○ Una aplicación es concebida inicialmente como simple o pequeña y se le obliga a crecer de forma muy rápida y «descontrolada», sin experiencia, capacidad técnica o conocimiento metodológico para asumir tantos cambios en poco tiempo.

○ No existe metodología a la hora de ir introduciendo nuevos cambios: los requisitos llegan de un día para otro, se vuelve atrás con frecuencia, no hay planificación y cultura de testing o validación de la aplicación antes de ser entregada, abonando el terreno para el caos.

○ Los requisitos no son claros: la traducción de los requisitos de negocio a los requisitos técnicos no se realiza con exactitud y la suficiente comprensión. El resultado es que se implementa funcionalidad que no es exactamente la que se quería, produciendo una cascada de cambios y, posiblemente, dejando código muerto y obsoleto a medida que eso ocurre, ensuciando la solución.

○ Se utiliza una dispersión de tecnologías que también cambian a menudo y que dificulta la evolución de la aplicación. Para programar bien y de forma mantenible, hay que conocer bien las librerías y frameworks que se utilizan; un exceso de estos en la misma aplicación provoca confusión y es más difícil de llevar. Además, si se usan librerías complejas, esto ofuscará la solución aún más.

○ No se dedica tiempo a mejorar lo que ya existe, aunque funcione. El desarrollo de software es incremental, precisamente eso es lo que pretendemos con el enfoque ágil: construimos nueva funcionalidad sobre lo ya existente o del mismo modo que lo que ya existe a pequeños pasos y mediante un refinamiento continuo. Hay que tener siempre la actitud de mejorar continuamente lo que ya hay. En ocasiones, introducir nueva funcionalidad implica mejorar algún aspecto de lo que ya existe.

○ Se intenta mantener código obsoleto, mal diseñado, mal probado, a toda costa, por un sentimiento egocéntrico infantil. A veces cuesta trabajo eliminar partes de la aplicación porque recordamos el esfuerzo que nos llevó hacerlas, o por simple pereza, pero arrastrar algo que no está del todo bien es perjudicial y tiene a la larga un efecto bumerán. En cualquier caso, podemos decir que lo que eliminamos, en realidad, nos sirvió para aprender a hacerlo mejor. Del mismo modo que un niño aprende a dar sus primeros pasos... caminando, en software aprendemos a solucionar algo con una primera aproximación, aunque no sea la mejor al comienzo.

○ No se tiene en cuenta que no solo se mejora el código en sí, también los tests, el diseño y la organización del proyecto, e incluso los procedimientos de gestión de la configuración, y que estos dos últimos aspectos son tan importantes como lo primero. No solo programamos, también diseñamos, organizamos y trabajamos bajo cierta cultura procedimental.

○ No se siguen prácticas de código limpio y de refactoring de forma continuada.

○ El proyecto no tiene tests o la batería de tests es insuficiente con una cobertura de código baja. Esto provoca que no sepamos cuanto antes qué bugs introducimos al hacer cambios: la rapidez en detectar un nuevo bug, hará más fácil y sencillo corregirlo. Además, incluir tests obliga a diseñar la aplicación con mejor estructura (software testeable), alejándonos de enfoques monolíticos, rígidos, frágiles y con un acoplamiento alto, como veremos más adelante.

○ El diseño (si es que existe) es pobre. Es más, no se «intuye» el diseño de la aplicación.

○ Se detectan fácilmente uno o más «bad smells», que describiré en uno de los capítulos.

○ Hay entornos y lenguajes que favorecen más desarrollar aplicaciones difíciles de mantener por mal uso de los mismo.

Lo bien o lo mal que hagamos todo lo anterior, hará que lleguemos antes o después a la barrera de inmantenibilidad, tal y como describe la ley de Boehm.

Y, por cierto, no existe ningún software perfecto, concepto subjetivo; de ser así, podríamos dar una definición objetiva y científica para valorar correctamente la calidad de un proyecto. Prefiero quedarme con la idea de que un software es mejor que otro si se puede entender con facilidad y es fácil de mantener y..., eso mismo, ya lo has leído antes, de cambiar.

Ideas contraintuitivas_

Antes de continuar, me gustaría pararme un momento para hablar sobre una serie de ideas, o más bien apreciaciones que, en un principio, pueden ir en contra de la intuición acerca de nuestra actividad como desarrolladores de software y que conviene comprenderlas bien.

Muchos de los errores que cometemos en nuestro desempeño profesional, derivan de no entender ciertas sutilezas en relación a la producción de código de calidad. Si acabas de llegar a este sector, enhorabuena, vas a aprender algo que a mí me costó años descubrir por mí mismo.

#1: Es difícil hacer software «simple»

No podemos caer en el error de pensar que cuanto más complejo es algo, más difícil es, o peor aún, más y mejores habilidades tiene su autor.

En software, la verdadera habilidad y excelencia consiste en encontrar una solución sencilla a un problema complejo. Es algo que para mí siempre me causó admiración comprobar cómo se encuentran soluciones entendibles y cómo se resuelven problemas complejos de formas sencillas. Nada peor que un sobrediseño innecesario (peor aún cuando lo que intenta el autor adrede es mostrar infantilmente su capacidad técnica...), o añadir complejidad por no pararse unos minutos a buscar una solución más sencilla. Para ello, debemos tener siempre presente esta idea de la sencillez mientras programamos.

#2: El diseño y la arquitectura de una solución también evolucionan y crecen

En desarrollo ágil (programar para que nuestra aplicación acepte cambios más fácilmente), se suele decir que el diseño «emerge» a medida que se implementan nuevos requisitos, y así es. Lo contrario es establecer un diseño (y arquitectura) al comienzo de la aplicación y tratar de mantenerlo rígido a toda costa, tratando después de encajar en él todo lo que venga. De ningún modo: el diseño hay que cambiarlo para ajustarlo a la nueva funcionalidad que se va incorporando. Se mejora la calidad del código de forma continua, también su diseño.

#3: Hacer tests aumenta la productividad

Cuántas veces he oído lo mismo: «no tengo tiempo para hacer tests». Decir esto no es profesional, ya que respaldar con tests nuestro código no es una tarea ajena al desarrollo de software, sino inherente a ella.

Contrariamente a lo que pueda parecer, escribir tests reduce el tiempo dedicado a detectar y corregir bugs, además de darle solidez a la aplicación. ¿Cómo saber que no hemos «roto» nada al cambiar algo si no es con pruebas que se pueden ejecutar automáticamente y en cualquier momento?

#4: Hacer tests es un modo de documentar nuestro proyecto

El exceso de comentarios insertados a lo largo del código es un síntoma de la pobreza del mismo. En ocasiones, contadas, son necesarios, pero en realidad su sobreutilización revela que el código no es lo suficientemente simple y fácil de entender.

En relación a los tests, ¿cómo podemos aprender cómo usar una clase, una librería, un módulo, etc.? Efectivamente: con los tests que los respaldan. Nada mejor que aprender cómo se utiliza algo que con un código que lo prueba.

A veces, la mejor documentación de un proyecto son sus tests.

#5: Hacer tests obliga a realizar un mejor diseño

Plantea una aplicación monolítica para hacer cualquier cosa que se te ocurra (esto es, sin entidades claras conceptualizadas como clases, sin módulos que resuelvan partes concretas, sin abstracciones, etc.) Te saldrá, con toda seguridad, una serie de clases con métodos muy largos, acoplados y rígidos, aunque funcione y realice su propósito... En este libro queremos aprender a programar para que nuestra aplicación acepte cambios más fácilmente y sea más mantenible, ¿no es así?

Esa aplicación monolítica solo podrá ser probada manualmente, poco más. Si quieres introducir tests en ella, pronto te darás cuenta de que su estructura y la relación de sus componentes (diseño) debe cambiar totalmente. Hacer tests te obliga, en cierto modo, a crear un diseño mejor. De ahí las disciplinas como TDD («test driven development»), que consiste en crear los tests en primer lugar y, a continuación, el código de producción para pasarlos.

#6: La optimización del código es una tarea continua

Optimizar código para se ejecute con mejor rendimiento es una tarea habitual, sobre todo para aquellas partes de la aplicación que se ejecutan más frecuentemente o que requieren de un rendimiento crítico. Sin embargo, dejar esa actividad para el final es un error.

Del mismo modo que incluimos en nuestra práctica y rutina habitual de desarrollo el crear tests para respaldar nuestro trabajo, también debemos incluir esas pequeñas optimizaciones que mejoran el rendimiento del mismo, siempre y cuando no se sacrifique por lo general la simplicidad y su legibilidad (en ocasiones muy concretas, sí habrá que hacer excepciones por pura necesidad de tener mayor rendimiento). Por tanto, desarrollar tests de rendimiento también se realiza continuamente durante el proyecto.

Del mismo modo en que mejoramos la calidad del código y su diseño mediante pequeños pasos, ocurre lo mismo con su optimización.

#7: El rendimiento de una aplicación no solo se consigue con más hardware, también con un mejor diseño

La solución rápida cuando se presentan problemas de rendimiento, consiste en añadir más «hierro» al sistema de producción donde se ejecuta la aplicación: más memoria para el «engine» de la base de datos, más discos SSD, balanceo entre servidores, más nivel de rendimiento en los servicios «cloud» que se utilizan, etc. Puede que sea necesario, pero, en ocasiones, ese coste lo que viene es a tapar una arquitectura, diseño y una solución pobre o ineficiente. He visto quemar, literalmente, miles de euros, en hardware para una solución con una arquitectura errónea y mal planteada.

#8: El diseño de las bases de datos también está sujeto a una mejora continua

Todos los elementos de una aplicación son susceptibles de mejora: desde archivos CSS, html, scripts de front-end en javascript hasta soluciones de más alto invel en C#. Absolutamente todo. Las bases de datos, su diseño, no escapan a esta mejora y evolución continuas. Si mantenemos su rigidez inicial, o el modo en que se planteó inicialmente la base de datos, tendremos el problema de tratar de meter con calzador la nueva funcionalidad requerida.

#9: Una gran mejora siempre es producto de micro mejoras

En software se produce un efecto acumulativo cuando introducimos pequeños cambios de manera continuada: simples refactorings (como los descritos en este libro), mejoras minúsculas en la legibilidad del código siguiendo las técnicas de código limpio, mejoras en el diseño, mejoras en apariencia insignificantes en la organización del proyecto, etc.

Con el tiempo se van acumulando cientos de pequeños cambios que supondrán realmente aumentar la calidad y la mantenibilidad de la aplicación. Además, muchas de estas mejoras son pequeñas tareas que se pueden realizar en minutos, como mejorar los nombres de variables, simplificar un método, extraer código duplicado, agregar un par de test unitarios, pedirle al IDE que sugiera y detecte mejoras, etc.

Esto no es exclusivo del software: en el libro «El Principio de Sorites», de Ian Gibbs, se defiende este concepto de micromejoras con mucha perseverancia en la vida diaria.

Una visión holística sobre el desarrollo de software_

Escribir una aplicación que no solo funcione sino que además sea fácil de mejorar y de incorporarle nueva funcionalidad o cambiar la existente, no es fácil.

Programar, hasta cierto punto y con lenguajes que permiten una aproximación funcional, lejos de la programación orientada a objetos, se puede aprender a menos que cualquiera con un mínimo de interés se esfuerce un poco, lea un par de manuales o asista a un curso intensivo de una semana: no es difícil conseguir algunos resultados y comprobar que eres capaz de escribir código, que se ejecuta correctamente en la computadora y que, además, éste hace algo útil.

Pero...

Desarrollar una aplicación o proyecto que con el tiempo crece en tamaño y complejidad, en la que participa un equipo de varias personas, dentro de una compañía con mejor o peor organización, con la necesidad de lanzar o entregar diversas versiones o actualizaciones cada cierto tiempo y de gestionar muchos clientes de distinto tipo, y con la presión de que esa aplicación es el combustible de un negocio en marcha del que dependen los ingresos, eso es otra historia. Para ello existe la disciplina de la Ingeniería del Software.

Del mismo modo, lo más habitual es que te encuentres participando en equipos de trabajo relativamente pequeños (de cinco a diez personas), que haya más o menos interés por el desarrollo y diseño ágiles y que estés lejos de procesos pesados de Ingeniería del Software más comunes en grandes empresas que participan en licitaciones importantes con certificaciones de calidad, contratos de «escrow», etc.

Independientemente de la metodología, pesada o ágil, basada en procesos o no, la receta para construir software de calidad viene de la mano de las técnicas de código limpio («clean code»), de integrar el testing como una tarea más del trabajo de desarrollo, de aplicar continuamente las técnicas de refactoring así como tener siempre en cuenta principios de diseño (como S.O.L.I.D. y otros) y, lo más importante, realizar todo lo anterior con una disciplina continua dentro del marco más o menos organizado de una metodología que te permita saber lo que hay que implementar en las próximas semanas de trabajo, así como de hacer bien todas aquellas tareas alrededor de las actividades de programación, como realizar un correcto versionado, documentar lo que sí hay que documentar, etc.

De todo lo anterior tratan los capítulos siguientes. Existen libros dedicados a cada una de esas áreas, pero El Libro Práctico del Programador Ágil indica las claves mínimas pero necesarias, y hasta cierto punto, suficientes, de todos esos aspectos que nos van a permitir escribir código de calidad.

Advertencia_

Antes de continuar te debo advertir de algo.

Salvo apreciaciones personales basadas en mis veinte años de experiencia profesional, gran parte de lo que te voy a contar en El Libro Práctico del Programador Ágil, no me lo he inventado yo pero que sí he aplicado hasta la saciedad. Las siguientes prácticas, principios y recomendaciones están extraídas de libros que deberían estar en las estanterías de cualquier equipo de programación. En la bibliografía se detalla la lista de los más relevantes.

Si eres un programador acostumbrado a realizar aplicaciones monolíticas (con métodos muy largos y acoplados), que ya sabes que ese no es el camino pero aún no sabes bien cómo enfocar una aplicación con mejor diseño y calidad, que te gusta trabajar a tu aire comenzando por aquello que más te gusta, que sabes qué son los tests automatizados pero que piensas que es perder un poco el tiempo dedicarse a realizar pruebas, que «tienes en la cabeza» todo lo que debe hacer falta para seguir dándole de comer a tu aplicación, pero que...

...ya has llegado a la conclusión de que ese camino solo te conducirá a la ruina (y además se lo tratas de ocultar al resto del negocio), o elegir entre cambiar de trabajo o vivir en un entorno laboral frustrado o estresante, entonces debes saber que tu paradigma profesional con el que has creído que programabas bien estos años atrás, va a cambiar radicalmente. Esto es, después de leer (y de introducir en tu ADN profesional todos los conceptos que se explican en este libro), ya no vas a ser el mismo profesional.

Vas a aprender que la estructura, naturaleza y diseño de una aplicación mantenible y de calidad no tiene nada que ver con una que no lo es.

Prácticas de código limpio_

Antes de comenzar a describir las técnicas más habituales para generar código de mejor calidad, me voy a parar en comentar algunas consideraciones que conviene tener presentes.

Desarrollar buen código consiste en tener en cuenta multitud de detalles: desde nombres de variables, la ubicación de las partes de una clase, su tamaño y hasta el lugar de ésta dentro de la organización del proyecto.

Todos esos detalles, por pequeños e insignificantes que parezcan individualmente, son muy importantes, produciendo un efecto acumulativo que hará que finalmente el proyecto gane en calidad. Es como si caminar treinta minutos al día (por decir algo) pareciese algo inapreciable y sin efectos, pero al cabo del mes son muchas horas y en cualquier caso será mejor que no andar nada en absoluto, del mismo modo que leer media hora diariamente supone decenas de libros al año y varias horas a la semana de práctica con un instrumento musical, son cientos al cabo de ese mismo año.

Las técnicas o consejos para generar código limpio son, en su mayoría, simples de aplicar, como vamos a ver, y no suponen un coste o tarea añadida mientras trabajamos programando; puede que al principio tengamos que aplicarlas pensando en ellas, pero con el tiempo las tendremos tan asumidas que escribiremos código directamente siguiendo estas buenas prácticas.

Como en cualquier otra disciplina con cierta complejidad, en desarrollo de software también se aplican los principios de las 5S, que son los siguientes:

Organización: El código debe estar correctamente organizado. Una buena organización hace que podamos localizar cualquier cosa más rápidamente. Si las constantes de un proyecto están definidas en un único lugar, si todas las vistas de cada subproyecto se encuentran dentro de una carpeta de nombre «views», etc., entonces será mucho más cómodo trabajar (y nos ahorrará tiempo).

○ **Sistematización**: Las buenas prácticas de deben automatizar. Yo me repito siempre este mantra: si una misma tarea, sea del tipo que sea, la tengo que repetir, entonces hay que buscar un modo de automatizarla. Esto multiplica la productividad y te hace poder estar centrado más tiempo en lo verdaderamente importante. Por ejemplo, si el proceso de subir un nuevo cambio al repositorio de código implica varios pasos desde la línea de comandos, ¿por qué no hacer un script que los haga por ti para acelerar ese trabajo?

○ **Limpieza**: Debemos realizar pasadas para comprobar que todo se mantiene limpio (sin código muerto u obsoleto, sin comentarios redundantes, etc.). Se pueden aprovechar los ratos muertos o esos momentos en los que nuestra cabeza no da para más... Limpiar el código en este sentido, es también una forma de mejorarlo.

○ **Estandarización**: Independientemente de las normas de estilo que definamos, todo el proyecto debe mantenerse homogéneo: mismo tipo de nombrado de elementos, indentación común, estructura de subproyectos común, tests ordenados y también estandarizados, etc.

○ **Disciplina**: Sucede que en el arranque de un proyecto «salimos como un ferrari pero pero luego nos paramos como una mula», y todo lo tratamos de hacer con pulcritud, pero con el tiempo, cierta pereza, cansancio de trabajar en el mismo proyecto o las presiones por llegar a las fechas impuestas y muy ajustadas, vamos relajando esta disciplina y dejando atrás las buenas prácticas. En la mayoría de las ocasiones, la «suciedad» que dejamos atrás, termina quedándose en el proyecto para siempre, produciendo una deuda técnica que nos pasará factura tarde o temprano.

Porque programar, observando de cerca todos estos pequeños detalles y consideraciones, no deja de ser una práctica de artesanía (de ahí lo de «software craftmanship») con la que vamos puliendo una solución software que no solo termina implementando en su funcionalidad los requisitos que se piden, sino que sus pilares, estructura, paredes y demás elementos del edificio del sistema están correctamente construidos atendiendo a todos y cada uno de sus detalles.

Lo contrario es mantener una solución sucia, y ya sabemos que eso tiene un coste considerable, no solo económico (más tiempo y esfuerzo para mejorar la aplicación o introducir nuevos cambios), sino también por la merma en productividad y el generar equipos frustrados y estresados.

Pero, ¿en qué consiste escribir código limpio? Se consigue un código limpio al aplicar un conjunto de pequeñas técnicas y de buenas prácticas y recomendaciones sencillas de seguir.

Un código se considera limpio cuando:

○ Se lee de arriba abajo (como el capítulo de un libro).

○ Es fácil adivinar el diseño subyacente de la solución.

○ Es legible.

○ Puede ser adoptado y evolucionado por otro programador con facilidad.

○ Es más fácilmente testeable. Si es testeable, entonces su diseño es mejor.

○ Reduce al máximo el número de entidades software (clases, métodos, etc.)

Por último, mientras que las prácticas de código limpio inciden en escribir un código más legible y fácil de leer y de comprender, las de refactoring son técnicas concretas que permiten mejorar el diseño de la aplicación para hacerlo más mantenible.

En ocasiones, se utiliza el término «refactorizar» para indicar cualquier modo de mejorar el código. Sin embargo, como veremos más adelante, las técnicas de refactoring son muy concretas y lo que hacen es mantener la funcionalidad actual pero mejorando el diseño y la relación entre los activos de la aplicación.

Por último, cada una de las recomendaciones, prácticas y técnicas que vamos a ver en los próximos capítulos, vienen identificadas con una pequeña abreviatura para poder ordenarlas mejor y poder referirnos a ellas en cualquier momento.

Además, cuando sea oportuno, indicaré un ejemplo a mejorar y el mismo ejemplo mejorado con la práctica aplicada. Me abstengo de indicar adjetivos tipo «mal» o «bien», puesto que en software, en ocasiones, hay un punto de subjetividad inevitable.

En lugar de ello, utilizo los siguientes iconos:

👎 Snippet de código «mejorable».

👍 Snippet de código «mejorado».

La mayoría de los ejemplos utilizados en el libro han sido extraídos de proyectos reales y en explotación; en muchos casos, se han modificado para exponer mejor la práctica descrita, en otras ocasiones, y por el mismo motivo, se deja intencionadamente cierta «deuda técnica» para exponer mejor la recomendación y desde un punto de vista ilustrativo.

Nombres con significado_

CL01: Los nombres de variables deben tener una intención descriptiva

Nombrar correctamente los elementos de código es algo extraordinariamente importante. Hay incluso quien afirma que la habilidad básica para «programar» es saber «nombrar» correctamente.

Tendemos a dar nombres que en el momento de escribirlos son fáciles porque estamos precisamente metidos de lleno en esa tarea de codificación y tenemos muy presentes su significado, semántica y contexto, pero debemos tener en cuenta que en una semana, un mes y mucho menos en un año, ¿nos acordaremos de la intención que existía detrás de ese nombre?

👎

```
int d; // Número de días…
```

👍

```
int daysFromBegining;
```

CL02: Evitar desinformación

Hay que eludir provocar confusión en los nombres de variables que puedan despistar más que aclarar el propósito de las mismas:

👎

```
int scoP34;
int ppam;
string sAp;
```

¿Eh?!!

Por otro lado, ¿por qué no nombrar mejor para que podamos buscar con más facilidad a través del IDE?

👎

```
const int MLPF = 200;
const string DEFAULT_UNM= "admin";
```

👍

```
const int MAX_LINES_PER_FILE = 200;
const string DEFAULT_USER_NAME = "admin";
```

CL03: Evitar codificaciones semánticas

No hay que usar codificaciones que supongan algún tipo de conocimiento específico del dominio de la aplicación:

👎

```
float gi_Amount;
long rctx_Connection;
```

Donde de asume que, por ejemplo, gi = General Invoice y rctx = Redis Context. Las codificaciones personales suponen un esfuerzo de comprensión extra para cualquier nuevo miembro del equipo, haciendo la lectura del código algo más ilegible.

CL04: Prefijos innecesarios

Hay que evitar los prefijos en los nombres de variables privadas de una clase:

👎

```
class User
{
    int m_Age;
}
```

👍

```
class User
{
    int age;
}
```

Veremos que las clases deben ser lo más pequeñas posibles y, por tanto, van a contener un número pequeño de variables privadas sin necesitar indicar que son «miembros» de la clase, y mucho menos que son privadas, porque todas deben ser ¡privadas!.

CL05: No usar traducciones mentales

Por último, debemos evitar las traducciones mentales aunque suponga escribir nombres más largos, del mimo modo que la práctica CL03.

👎

```
// En toda la solución usaremos "r" como sinónimo de "url"
string r;
// En toda la solución, usaremos "dbc" como sinónimo de "database connection string"
string dbc;
```

👍

```
string url;
```

```
string databaseConnString;
```

Vamos a ver a continuación las guías básicas para escribir clases correctamente de modo que sean legibles y más fáciles de entender.

CL06: Métodos con verbos

Los métodos de las clases deben incluir un verbo indicando la acción que realizan, puesto que todo método «hace algo», lógicamente.

👎

```
class User {
    public string age(int userId) { … }
    public string mail(int userId) {…}
}
```
👍

```
class User {
    public string getAge(int userId) { … }
    public string sendMail(int userId, string content) {…}
}
```

Cuanto más «semánticos» sean los nombres que elijamos, menos documentación habrá que incluir de un modo u otro.

CL07: Métodos estáticos para la creación de objetos

Los constructores tienen su utilidad, pero es preferible usar métodos estáticos de creación de objetos en lugar de sobrecargar los constructores. De ese modo, la instanciación de los objetos es más clara y legible:

👎

```
class Invoice {
    public Invoice( int defaultId ) { … }
    public Invoice( InvoiceDTO default ) { … }
    public Invoice( float discount, string mailTo, … ) { … }
}
```
👍

```
class Invoice {
    public static Invoice fromDefaultId( int id ) { … }
    public static Invoice fromExistingInvoice( InvoiceDTO default ) { … }
    public static Invoice fromBasicData( float discount, string mailTo, … ) { … }
}
```
De ese modo, el cliente que instancie un objeto Invoice debe indicar claramente su propósito usando el método correcto (no hay que deducirlo en función del constructor que use):

```
Invoice newInvoiceFromCurrentUser = Invoice.fromDefaultId( userId );
```

CL08: Elegir una palabra por concepto

A lo largo del código de la aplicación, subyacen conceptos que tienen que ver con la misma, y éstos aparecen reflejados en los nombres de las variables, clases y método así como en la documentación de cualquier tipo que se incluya.

Par cada concepto, hay que utilizar siempre la misma palabra o vocablo, para evitar confundir a alguien nuevo que asume el proyecto y aún no conoce bien los detalles del universo conceptual de la aplicación.

Por poner unos ejemplos, en una aplicación se pueden usar indistintamente los siguientes conjuntos de palabras similares, pero, como decimos, es mejor utilizar siempre la misma para cada concepto:

○ Manager / Controller / Driver
○ Proxy / Bridge
○ Graphics / Canvas / Display
○ Report / Summary
○ Usuario / Cliente

Salvando las distancias en cada caso, hay que elegir siempre una única palabra para el mismo concepto y, mucho menos, mezclar diferentes idiomas: o todo en castellano o todo en inglés.

CL09: No usar dos palabras para el mismo propósito

Del mismo modo que el punto anterior, hay que utilizar siempre las mismas palabras para reflejar la misma acción o intención:

👎

```
public void insertNew( … ) { … }
public void addFromExisting( … ) { … }
```
👍
```
public void insertNew( … ) { … }
public void insertFromExisting( … ) { … }
```
O bien:
```
public void addNew( … ) { … }
public void addFromExisting( … ) { … }
```

CL10: Usar nombres de dominio

A la hora de implementar cierta funcionalidad relacionada con algoritmos bien conocidos, funciones matemáticas, patrones de diseño, tipos de búsquedas, de ordenación, etc., conviene indicarlos en el nombre del método, función o clase. Esto aumenta implícitamente la comprensión de quien lee este trozo de código, como por ejemplo:

```
class Calc {
    public float getAverage( int[] values ) { … }
}

class MyFinder {
    public int performBinarySearch( int[] values, int valueToFind ) { … }
}

class Encrypt {
    public char[] getSHA-256( char[] values, string key ) { … }
}
```

CL11: Usar nombres relacionados con el problema a resolver

El nombre de un método debe indicar lo más sucintamente posible, qué hace, como por ejemplo:

👎

```
public int getHdr( int[] message ) { … }
```

👍

```
public int getProtocolHeaderTCP( int[] message ) { … }
```

CL12: Usar contextos con significado

Si creemos conveniente añadir un prefijo a las variables porque de ese modo va a aumentar su legibilidad, entonces es mejor elegir un prefijo con cierto significado. El equilibrio entre CL04 y esta recomendación lo va a indicar siempre el contexto y si se aumenta la legibilidad o no.

```
UserAddress newUserAddress;
…
```

👎

```
ulxAge = newUserAddress.age;
ulxCity = new UserAddres.city;
```

👍

```
uaddrAge = newUserAddress.age;
uaddrCity = new UserAddres.city;
```

Mejor «uaddr» que «ulx». La clave está siempre en elegir prefijos que podamos entender rápidamente, que haga invocar en la mente del programador que lee el código el propósito u origen de la variable.

CL13: Evitar contextos superfluos

En ciertos casos, la redundancia no aporta nada sino que entorpece la lectura ágil del código:

👎

```
namespace Printer {
    public class PRINTER_Checker { … }
    public class PRINTER_Document { … }
}
```

Y dale con «printer»... Mejor así:

👍

```
namespace Printer {
    public class Checker { … }
    public class Document { … }
}
```

CL14: Organización interna común

La organización interna de una clase, esto es, la ubicación de cada elemento que la compone debe ser común a todo el proyecto.

Si los elementos de una clase (variables internas, constructores específicos, métodos y propiedades, etc.) los encontramos siempre en el mismo lugar y con el mismo orden, ganamos en legibilidad y rapidez a la hora de localizar cada elemento, como por ejemplo:

```
public class ImpersonateFileCopy : IDisposable
{
  #region Private variables
  ...
  #endregion

  #region Constructors
  ...
  #endregion

  #region Methods
  ...
  #endregion

  #region Interfaces implementation
  ...
  #endregion
}
```

Piensa en la cantidad de tiempo que pasamos «buscando» cosas en el proyecto software; ganaremos tiempo y reduciremos esfuerzos innecesarios si cuidamos este tipo de orden, tanto en el código como en la organización de cada fichero en el proyecto.

Funciones_

¿Funciones o métodos? Se entiende por método como una función que pertenece a una clase, y una función como una sección de código con un propósito particular y que se utiliza en lenguajes no orientados a objetos.

Las recomendaciones indicadas a continuación se deben seguir tanto para funciones como para métodos.

CL15: Funciones pequeñas

Cuanto más pequeña es una función, más simple el problema que resuelve y más fácil de mantener: las funciones deben ser lo más pequeñas posible.

👎

```
public static int AddStockMovement( int stockId, StockMovementDTO data ) {
    int stockMovementDefault = -1;
    MovementRepository rep;;

    If ( data.SourceInstallationId == 0 ) { stockMovementDefault = 1; }

    rep = ClassFactory.getMovementRepository();

    if ( rep.existsMovement( stockId ) == false ) {
        throw new Exception("Movement doesn't exist")
    }

    If ( (data.value < 0 || data.value > 12000) ||
         (data.origin != "bank" || data.origin != "internal" ) ) {
        Throw new Exception("Data invalid");
    }

    // 100 líneas más
    // …
}
```

En este sencillo ejemplo vemos que AddStockMovement está lejos de ser una función sencilla, ya que realiza muchas cosas a la vez (valida los datos de entrada, guarda el nuevo movimiento, etc.)

Habría que desglosar toda esa funcionalidad en funciones más pequeñas, como el siguiente ejemplo.

👍

```
public static T deserialize<T>(string xml)
{
    T t = default(T);
```

```
    XmlSerializer xs = new XmlSerializer( typeof(T) );

    using( MemoryStream stream = new MemoryStream( strToUTF8BtArray(xml) )
    {
        XmlTextWriter xmlTextWriter = new XmlTextWriter( stream, Encoding.UTF8 );

        t = (T)xs.Deserialize( mstream );
    }

    return t;
}
```

Este sencillo método realiza solo un único propósito: «deserializar» un documento xml en un objeto. Es sencillo, fácil de entender y... simple.

De los dos ejemplos anteriores, ¿cuál de los dos crees que es más fácil de probar mediante tests unitarios? Exacto, no hace falta que te responda.

CL16: Indentación correcta

El código debe estar correctamente indentado. Para ello, hay que definir qué tipo de indentación utilizar a lo largo de todos los ficheros del código del proyecto (con tabulador o con un conjunto de espacios):

👎

```
SecurityManager.verifyToken = function( token ) {
    return new Promise( (resolve, reject) => {
        let result = {};
        try {
         let payload = _verifyToken( token );
         If ( !!payload ) { let usersdata = loadUsersFile();
           // …
         }
        } catch( err ) {
            result.success = false;
            result.message = ( !!err.name ) ? err.name : "Invalid token";
        }
        resolve( result );
    });
}
```

👍

```
SecurityManager.verifyToken = function( token ) {
    return new Promise( (resolve, reject) => {
        let result = {};

        try {
            let payload = _verifyToken( token );

            if ( !!payload ) {
                let usersdata = loadUsersFile();
```

```
        // …
      }
   } catch( err ) {
      result.success = false;
      result.message = ( !!err.name ) ? err.name : "Invalid token";
   }


   resolve( result );
  });
}
```

Más legible, ¿no?

CL17: Cada función debe tener un único propósito

Más adelante hablaremos del principio de «responsabilidad única» (SRP) como parte de los principios de diseño ágiles, que hace referencia a las «responsabilidades» que implementa una clase.

Del mismo modo, una función debe resolver un único problema. En ocasiones no es fácil saber desglosar un problema en otros más pequeños, pero ahí reside precisamente el arte de saber estructurar correctamente una aplicación software. Programamos abstrayendo, también abstrayendo soluciones a problemas sencillos que, en conjunto, resuelven otros más complejos.

```
function checkRequest( urlImageRequest, actionManager ) {

   let urlProps = urlactionsparser.parseUrl( urlImageRequest );
   let imageLocation = filesMananger.getImageFileLocation( urlProps.entity );

   filesManager.fileExists(imageLocation) // (a)
     .then( (exists) => {
        if (exists) {
           var actionsToPerform = actionsparser.parseActions( urlProps.actions );

           // Comprobar si el gestor de acciones maneja la que indica la url (b)
           if ( !actionsManager.existsActions(actionsToPerform)) {
              reject( new Error("Una o más acciones no existen") );
              return;
           }

           // Comprobar que las acciones están bien formadas (c)
           for( let I = 0; I < actionsManager.length; i++ ) {
              if (!actionsChecker.checkAction(actionsToPerform[i], actionsManager)) {
                 reject( new Error(util.Format("Acción %s inválida",
                                            actionsToPerform[i].actionName) );
                 return;
              }
           }
```

```
                resolve( { urlProps: urlProps, actionsToPerform: actionsToPerform } );
            }
            else {
                reject( new Error(util.Format("La entidad de imagen %s no existe",
                                              urlProps.entity)) );
            }
        })
        .catch( (err) = > { reject(err); })
}
```

Independientemente de lo que haga checkRequest(), podemos ver en este snippet de código que realiza varios tipos de comprobaciones diferentes: analiza que la url que forma ese «request» sea correcta, que existe una imagen (a) y, además, que lo que se indica en el request sea válido (b y c). Y está bien, el problema es que en la misma función están todos los detalles de esas comprobaciones, ofuscando la comprensión de la función.

Una aproximación más legible sería la siguiente, y aprovecho para simplificar el nombre de algunas variables:

```
function checkRequest( urlImageRequest, actionManager ) {

    let props = urlactionsparser.parseUrl( urlImageRequest );
    let imageLocation = filesMananger.getImageFileLocation( props.entity );

    filesManager.fileExists(imageLocation)
        .then( (exists) => {
            if (exists) {
                var actions = actionsparser.parseActions( urlProps.actions );

                // Comprobar si el gestor de acciones maneja la que indica la url
                If ( checkActions(actions) ) {
                    resolve( { urlProps: props, actionsToPerform: actions } );
                }
            }
            else {
                reject( new Error(util.Format("La entidad de imagen %s no existe",
                                              props.entity)) );
            }
        })
        .catch( (err) = > { reject(err); });
}
```

CL18: El código se debe leer de arriba hacia abajo («from top to bottom»)

Lo que persigue esta regla es que se pueda leer (y entender) el código de una función o método del mismo modo en que se lee un artículo de periódico o el capítulo de un libro, aunque parezca una perogrullada. De esta forma el código aumenta en legibilidad.

En el siguiente ejemplo poco más hay que decir, lo que hacen las siguientes líneas de código son autodescriptivas:

```
public bool GMailSender( string to, string from, string subject, string body )
{
    bool ret = true;

    try
    {
        using (MailMessage MailSetup = new MailMessage() )
        {
            MailSetup.Subject = subject;
            MailSetup.To.Add( to );
            MailSetup.From = new MailAddress( from );
            MailSetup.Body = body;

            using( SmtpClient SMTP = new SetupClient( smtpHost ) )
            {
                SMTP.Port = this.SMTPConfig.port;
                SMTP.EnableSsl = this.SMTPConfig.enableSsl;
                SMTP.Credentials = new NetworkCredential(this.SMTPConfig.userName,
                                                this.SMTPConfig.password);

                SMTP.Send( MailSetup );
            }
        }
    } catch { ret = false; }

    return ret;
}
```

No hay que pensar mucho para saber qué hace GMailSender(). Se debe entender el ejemplo pero, aún siendo un ejemplo, hay algo que debería mejorarse y que veremos en capítulos más adelante: el método GMailSender() se encarga él mismo de generar las dependencias que necesita (instancia de SmtpClient), creando así un acoplamiento entre la clase a la que pertenece y SmtpClient y dificultando la creación de tests. Evitaremos este acoplamiento cuando veamos el concepto de Inyección de Dependencias y muchos otros.

Ve tomando nota: acoplamiento malo, acoplamiento malo...

CL19: Aislar las sentencias «switch» en funciones básicas de bajo nivel

Aumenta la legibilidad del código que cada bloque con switch / case / case / case / etc., se mantenga en una única función individual; de nuevo, esto aumenta la legibilidad y simplifica el código y permite reutilizar esa función en otras partes del proyecto:

```
for( let i = 0; i < action.params.length; i++ ) {
    let paramName = actions.params[i].name;
    let paramValue = actions.params[i].value;
    let paramDefinition = pluginsParams[paramName];
```

```
    switch( paramDefinition ) {
        case "integer": {
            if ( isNaN(paramValue) ) { return false; }
        }
        break;
        case "string": {
            if ( typeof paramValue !=== "string" ) { return false; }
        }
        break;
        // …
    }

    // …
}
```
👍

```
for( let i = 0; i < action.params.length; i++ ) {

    let paramName = actions.params[i].name;
    let paramValue = actions.params[i].value;
    let paramDefinition = pluginsParams[paramName];

    if ( !checkType(paramName, paramValue, paramDefinition) ) { return false; }

    // …
}
```

Donde checkType() sería algo así:

```
function checkType( paramName, paramValue, paramDefinition ) {
    switch( paramDefinition ) {
        case "integer": {
            if ( isNaN(paramValue) ) { return false; }
        }
        break;
        case "string": {
            if ( typeof paramValue !== "string" ) { return false; }
        }
        break;
        // …
    }
}
```
Nota: de este modo, ya podemos crear tests sencillos que cubran checkType().

CL20: El número de argumentos de una función debe ser lo menor posible

Preferiblemente se debe tomar como referencia un número máximo de tres parámetros. Si un método o función recibe muchos argumentos, entonces es que:

o Implementa más de una funcionalidad (violando el concepto de una función = un propósito).

o Se pasan como argumentos propiedades «afines» conceptualmente que se deberían encapsular en una estructura, clase u objeto DTO. Más adelante veremos el concepto de los «data transfer objects».

CL21: Evitar las funciones que reciben un único booleano

Una función que recibe como parámetro un valor booleano, se debe convertir creando dos versiones de la misma: una para cuando el booleano es «true» y otra para cuando es «false». Esto aumenta la legibilidad y crea funciones más sencillas que realizan una única tarea.

```
void createUser( string userName, bool isUserActive) {}
```

Suponemos que isUserActive indica que se active el usuario en el sistema (lo que sea que esto signifique).

```
void createUserAndSetActive( string userName ) {}
void createUser( string userName ) {} // Por defecto, el usuario está inactivo
```

De nuevo, vemos que así, es más fácil crear tests sencillos sobre estos dos últimos métodos que sobre el primero.

CL22: Usar objetos o estructuras cuando el número de argumentos es mayor de tres

Sobre todo, si todos esos valores que se pasan como parámetros están relacionados entre ellos conceptualmente (como las variables para el envío de un correo, o las credenciales de acceso a un servidor FTP, etc.)

```
RequestBootstrap.processRequest = function( urlImageRequest, actionsManager,
requestHash, width, height ) { … }
```

```
RequestBootstrap.processRequest = fuction( requestInfo ) { … }
```

Donde requestInfo es un objeto con las propiedades que antes se indicaban como parámetros.

CL23: Reducir el número de argumentos con listas de variables del mismo

tipo

Simplificamos los argumentos que son del mismo tipo y que tienen la misma intención encapsulándolos en una lista.

👎

```
string EncodeToSHA256_four( string msg1, string msg2, string msg3, string msg4 ) { … }
```

👍

```
string EncodeToSHA256( List<string> messages ) { … }
```

CL24: Incluir el contexto en el nombre de la función, no en los argumentos

Por «contexto» entendemos esa expresión que nos ayuda a identificar el propósito de un argumento o variable.

👎

```
void add( UserDTO userInfo, string userRole, string userCompany ) { … }
```

👍

```
void addUser( UserDTO info, string role, string company ) { … }
```

CL25: Evitar que una función tenga efectos secundarios

Una función debe tener un propósito claro y lo más sencillo posible, por tanto, nada peor que haga algo que afecte significativamente a otra parte del sistema o la funcionalidad de otro módulo, como por ejemplo cerrar la conexión con una base de datos que recibe como parámetro:

👎

```
public void GetAllActiveUsers( DbContext context )
{
    var activeUsers = context.Users.Where( user => user.Active == true );

    conn.Shutdown(); // <- ¿Por qué cerrar el contexto de la base de datos?

    return activeUsers;
}
```

CL26: Una función hace algo o devuelve algo, nunca las dos cosas

👎

```
public bool sendMail( MailInfo mailToSend, Mailer mailer )
{
    if( mailer.isAvailable ) return false;
```

```
    mailer.sendMail(mailToSend);

    return true;
}
```

Vemos que sendMail() no solo envía el correo sino que devuelve si lo ha hecho correctamente, comprobando si el gestor de correo está activo, haciendo, en realidad dos cosas diferentes.

👍

```
public bool isMailerAvailable() {}
public void sendMail( MailInfo mailToSend, Mailer mailer) {}
```

CL27: Nunca utilizar códigos de error, siempre utilizar excepciones

La gestión de códigos de error para controlar... eso, errores, es un vicio que ofusca el código y obliga a utilizar sentencias «if» continuamente. Para eso está la correcta utilización de gestión de excepciones.

👎

```
if ( tcpConn.isActive )
{
    Msg msg = getMessageHeader();

    if ( checkMessage(msg) == Codes.Success )
    {
        if ( sendMessage( tcpPort, msg ) == Codes.MessageSendWithSuccess )
        {
            logger.log("Message send!");
        }
    }
}
```

Este ejemplo es confuso con tanto «if», mejor así:

👍

```
try
{
    Msg msg = getMessageHeader();
    checkMessage(msg);
    sendMessage( tcpPort, msg );

    logger.log("Message send!");
}
catch( Exception exp )
{
    // Manage exception
}
```

En esta nueva versión, checkMessage() y sendMessage() lanzan excepciones si encuentran algún problema, simplificando por tanto el código del cliente.

CL28: La regla de entrada simple / salida simple (single-entry / single-exit rule)

Puesto que las funciones y métodos ocupan pocas líneas y son sencillas (o así debería ser siempre que sea posible), es mejor y más fácil suponer que el único punto por el que va a retornar es al final. Esto facilita la depuración y ayuda a detectar si se incluye funcionalidad extra que podría ir en otra función: si es necesario en varias ocasiones «retornar» (esto es, devolver el valor de vuelta) entonces, muy probablemente, se puede extraer de ahí nuevas y más simples funciones.

Si la función tiene que retornar una condición de error, entonces debe lanzar la excepción apropiada en cualquier parte de su cuerpo.

Esta regla se puede romper si al comienzo de la función se comprueban los valores válidos de los parámetros o si bien la función es tan sencilla que no elimina legibilidad retornar antes del final. Como siempre, el sentido común nos dirá qué será mejor.

```
ActionParser.parseAction = function( action ) {
    var partials = extractValues( action, "{actionname}:{actionparams}" );
    var result = { params: [] };

    if (partials === null ) { partials = extractValues( action, "{actionname}"); }

    if ( partials.actionparams !== undefined ) {
        partials.actionsparams.split(",")
            .forEach( function(ap)
                {
                    result.params.push( {
                    name: param.name,
                    value: decodeURIComponent( extractValues( ap, "{name}({value})" ) )
                    })
            });
    }

    return a; /* Sólo se sale de la función al final de la misma con el resultado */
}
```

Comentarios_

CL29: Un exceso de comentarios revela mal código

El código debe ser tan legible y simple de entender que no necesite explicaciones aparte en forma de comentarios. Un exceso de comentarios revela código difícil de comprender.

```
// Si es temprano o tarde, entonces
// ejecutar el mantenimiento habitual
```

```
if ( hour < 8 || hour > 20 ) {
    worker.performMaintenance();
}
```
👍
```
if ( isMaintenanceHour(hour) ) {

    worker.performMaintenance();
}
```

CL30: La mejor explicación es el mismo código

¿Qué hará la siguiente función de nombre YYY? ¿Harían falta comentarios para explicar lo que hace?

```
const RESERVEDCHARACTERS = " _/?<>\:*|\"'";


function YYY( filename ) {
    var ext = path.extname( filename );
    var name = path.basename( filename, ext );
    var id = shortId.generate();

    for( let i = 0; i < RESERVEDCHARACTERS.length; i++ ) {
        name = name.split( RESERVEDCHARACTERS[i] ).join("-");
        ext = ext.split( RESERVEDCHARACTERS[i] ).join("-");
    }

    return { fileName: util.format("%s_%s%s", name, id, ext),
             fileId: id }
}
```

CL31: Usar comentarios simples solo si aporta aclaración

Siguiendo el ejemplo anterior:

```
for( let i = 0; i < RESERVEDCHARACTERS.length; i++ ) {

    /* Con split + join, eliminamos los caracteres no permitidos de la cadena */
    name = name.split( RESERVEDCHARACTERS[i] ).join("-");
    ext = ext.split( RESERVEDCHARACTERS[i] ).join("-");
}
```

CL32: Se necesita una explicación

Usar comentarios si hace falta una explicación no evidente o incluye la intención del programador. En el siguiente ejemplo (obtenido de un proyecto en explotación), sí es necesario incluir ese comentario, ya que con esa explicación, se le transmite a otro programador la razón de las siguientes líneas de código:

```
// Note: sometimes, the same request is built concurrently; in that case,
// the bootstrap process fails because last file already exists but the
// process is given as succeeded.
if ( err.code === "EEXIST" ) {
    global.logger.info( "Some request %s built at the same time", requestHash );
    resolve( err.dest );
}
```

CL33: Avisar de algo importante

Sí es conveniente incluir un comentario cuando avisa de una consecuencia relevante:

```
// Test de rendimiento: puede tardar bastante sen terminar
it( "# get range long test", (done) => {
   const PAGECOUNT = 1000;

   rep.images.count()
      .then( (c) => {
         let p = [];
         for( let i = 0; i < c; i+=PAGECOUNT ) {
            p.push( rep.images.range( i, i+PAGECOUNT) );
         }

         return Promise.all(p);
      })
      .then( (r) => {
         done();
      })
      .catch( (err) => { done(err); })
});
```

CL34: Evitar los comentarios tipo «TODO»

Un «TODO» (del inglés «to do», por hacer) escrito en el código en forma de comentario, indica que estás retrasando la realización de una tarea que en ese momento no puedes, no quieres o todavía no se puede realizar. Mi experiencia me dice que al final se termina el proyecto con muchos «TODOs» perdidos entre el código.

Para evitarlo, es mejor anotar en un gestor de tareas, o en esa funcionalidad del mismo IDE tal y como incluye el Visual Studio, la tarea pendiente.

```
describe( "API requests tests", () => {
   it( "# lock test", (done) => {
      // TODO:...
      done();
   })

   it( "# unlock test", (done) => {
      // TODO:...
      done();
   })
});
```

CL35: Eliminar comentarios redundantes

¿Por qué incluir un comentario que no aporta absolutamente nada como en el siguiente ejemplo?

```
// Devuelve true si la hora es "temprano" o "tarde"
// para comprobar que se pueden hacer actividades de mantenimiento
function isMaintenanceHour(hour) {
  return hour < 8 || hour > 20;
}
```

¿No se tarda menos en leer la función que el mismo comentario?

CL36: Existen comentarios obligatorios

Hay algunos casos en los que sí hay que incluir comentarios, como:

○ Cabeceras de ficheros indicando su autor, fecha, organización, etc.

○ Documentación de una API que después será utilizada para generar un documento de forma automática con utilidades como Swagger, Doxygen, DocFX, etc.

○ Avisos legales sobre el uso de ese código, licencia, etc.

CL37: Evitar comentarios «ruido» o que no aportan nada

¿De verdad es útil el siguiente comentario antes del constructor?

```
public class PlainMailSender : IMailSender
{
    /*
     * Constructor base de la clase
     */
    public PlainMailSender()
    {
        smtpHost = "smtp.gmail.com";
        port = 587;
        enableSSL = true;
        credentialUserName = "evisionrequest@gmail.com";
        credentialPassword = "xyz";
    }
}
```

CL38: No usar un comentario si se puede entender algo con el mismo código

La mejor forma de comprender qué hace un código, es leyéndolo, si es que es suficientemente legible, aunque suene a perogrullo. Siguiendo un mismo ejemplo que vimos antes:

```
// Si es temprano o tarde, entonces
// ejecutar el mantenimiento habitual
if ( hour < 8 || hour > 20 ) {
    worker.performMaintenance();
}
```

```
if ( isMaintenanceHour(hour) ) {
    worker.performMaintenance();
}
```

CL39: Evitar comentarios al cierre de las llaves de contexto

Si se cree que es necesario incluir ese tipo de comentarios, seguramente sea porque hay muchas estructuras de contexto anidadas y es difícil saber dónde termina cada una o bien la indentación es incorrecta y confusa:

👎

```
    } // if/else
} catch(err) {
    reject(err);
} // end of first try
```

CL40: Evitar los comentarios de atribución

¿Para qué está si no la herramienta de control de versiones?

👎

```
/*
 * Developed by RGB: 12/08/2017
 */
UniqueFile.getUniqueFileName = function( fileName ) { ... }
```

CL41: Eliminar el código comentado

Encontrar código que no se ejecuta porque está comentado, revela un mal diseño, una solución incompleta o un parche temporal que el desarrollador no quiere perder por alguna razón. Nada peor que comentar y descomentar código según se esté en modo desarrollo, depuración o en explotación. Esto indica que el diseño de la aplicación impide distinguir un entorno de otro.

El código debe estar siempre «limpio», y para recuperar cualquier cambio se debe usar la herramienta de control de versiones y usarla correctamente.

👎

```
void CheckConfigFile()
{
    if (!(_config.Port > 0 && _config.Port < 65535))
    {
        Logger.Log(Logger.LoggerType.Error, $"Invalid port number {_config.Port}");
        throw new Exception();
    }

    /* Descomentar en producción
    _config.Protocol = _config.Protocol.ToLower();
    if (_config.Protocol != "http" && _config.Protocol != "https")
```

```
    {
        Logger.Log(Logger.LoggerType.Error, "Invalid protocol string");
        throw new Exception();
    }
    */

    // Hosts property
    if (_config.Hosts.Length == 0)
    {
        Logger.Log(Logger.LoggerType.Error, "At least one host should be included");
        throw new Exception();
    }
}
```

Formateo_

CL42: Formateo vertical

El formateo vertical mejora la legibilidad del código. Cada fichero que compone la solución, no debe ser muy largo.

```
var cookieParser = require("cookie-parser");

var auth = global.gimport("auth");
var actionsManager = global.gimport("actionsmanager");

module.exports = function(BackendRouter, ExamplesRouter, RequestRouter) {
    return new Promise((resolve, reject) => {
        // Los pipelines de cada router son independientes
        _setMiddlewares(ExamplesRouter);
        _setMiddlewares(BackendRouter);
}
```

CL43: La «densidad» del código debe ser ligera

Nada peor que leer un texto denso, con poco interlineado, mal sangrado y sin un correcto uso de los párrafos y separaciones. Con el código ocurre exactamente igual.

```
ActionsParser.parseAction = function( action ) {
    var partials = extractValues( action, "{actionname}:{actionparams}" );
    var a = {};
    if ( partials == null ) { partials = extractValues( action, "{actionname}" ); }
    a.actionName = partials.actionname;
    a.params = [];
    if ( partials.actionparams !== undefined ) {
        var s = partials.actionparams.split(",");
        for( let i = 0; i < s.length; i++ ) {
            var actionparam = s[i];
            var param = extractValues( actionparam, "{name}({value})");
            a.params.push( {
                name: param.name,
                value: decodeURIComponent(param.value)
            }) } }
    return a;
}
```

Uff... duele la vista solo con mirarlo. Así es mejor:

```
ActionsParser.parseAction = function( action ) {
    var partials = extractValues( action, "{actionname}:{actionparams}" );
    var a = {};

    if ( partials == null ) { partials = extractValues( action, "{actionname}" ); }

    a.actionName = partials.actionname;
    a.params = [];

    if ( partials.actionparams !== undefined ) {
        var s = partials.actionparams.split(",");
        for( let i = 0; i < s.length; i++ ) {
            var actionparam = s[i];
            var param = extractValues( actionparam, "{name}({value})");

            a.params.push( {
                name: param.name,
                value: decodeURIComponent(param.value)
            })
        }
    }

    return a;
}
```

CL44: Formateo horizontal

El correcto formateo horizontal también mejora la legibilidad; los ficheros no deben tener líneas de código demasiado anchas.

👎

```
let machineid = require("crypto").createHash("sha512").update(lscpuHash + lspciHash +
lspcmciaHash + randomComponent).digest("hex");
```

👍

```
let finalValueToUpdate = lscpuHash + lspciHash + lspcmciaHash + randomComponent;
let machineId = require( "crypto" )
                .createHash( "sha512" )
                .update( finalValueToUpdate )
                .digest( "hex" );
```

CL45: La metáfora del «periódico»

Un módulo de software se «lee» como si se tratase de un periódico: en él aparecen artículos (pequeños, legibles, claros, concisos), y, cada uno de ellos, si está bien estructurado, se leen y se comprenden «verticalmente».

CL46: Reglas de equipo

Cada equipo debe definir sus propias reglas. Todos los ficheros de código del mismo proyecto deben seguirlas. Nada peor que encontrarse en un mismo proyecto y ver archivos con diferentes indentaciones, estilos de comentarios distintos, cabeceras desiguales, etc. Da sensación de caos.

Entre otros elementos, el equipo debe ponerse de acuerdo en:

○ Tipo de indentación (tabuladores, por espacios, etc.)
○ Utilización de espacios.
○ Forma de utilizar las llaves.
○ Alineamiento.
○ Tamaño máximo para cada archivo.
○ Estructura para la cabecera (donde se indica el autor, fecha, etc.).
○ Estilo para los comentarios que describen una API.
○ Etc.

Tan sencillo como definir una guía de estilo en un documento y que todo el equipo la tenga presente.

CL47: Afinidad conceptual

Los métodos en una clase deben estar cerca unos de otros según su afinidad, en relación a lo que implementan. Al estar cerca unos de otros, es más fácil localizarlos a medida que se lee el código; este pequeño detalle nos ahorra tiempo, aunque parezca insignificante:

```
public void execute( IJobExecutionContext context ) { ... }
public void executeDefault() { ... }

public void loadFiles() { ... }
public void loadAllFiles() { ... }
public List<string> getAllLoadedFiles() { ... }

public void processFile(string fileName) { ... }
public void saveFile( string fileId ) { ... }
```

CL48: Acceso a variables privadas

Las variables privadas de una clase solo son accesibles por los métodos de la misma. El control del estado de una variable privada debe ser siempre realizado por la misma clase que la contiene. Si no es así, la posibilidad de incluir bugs y crear un código difícil de depurar es mucho mayor.

```
class ProcessUser
{
    public string name;

    public ProcessUser() { ... }
}

static void Main(string[] args)
{
    ProcessUser puser = new ProcessUser();
    puser.name = "John";
    ...
}
```

```
class ProcessUser
{
    string name;

    public ProcessUser(string userName)
    {
        name = userName;
    }
}

static void Main(string[] args)
{
    ProcessUser puser = new ProcessUser("John");
    ...
}
```

Nota: en este ejemplo hacemos un uso académico del constructor. Veremos más adelante la importancia de crear buenos constructores de instancias de clases.

Buenas prácticas de diseño_

Hasta aquí, hemos visto prácticas para mejorar la legibilidad del código que escribimos, algo necesario, sin duda, pero no suficiente. También hemos comprobado que no se trata de aplicar técnicas o recomendaciones difíciles, más bien lo contrario.

Escribir buen código tiene también mucho que ver con mantener un buen diseño: un buen diseño facilita la creación de código limpio.

A continuación indico algunas recomendaciones que mejoran el diseño de un proyecto software.

D01: Abstracción de datos y variables privadas

El cliente de una clase no debe depender del tipo de sus variables privadas (entendemos por «cliente» la parte del código que le pide algo a la clase que instancia). Si existe esta dependencia, se produce así un mayor acoplamiento entre el cliente y la clase. Para ello, se deben definir tipos abstractos de datos (ADT o «abstract data type»).

Solo hay que recordar que el concepto de «clase» en programación orientada a objetos, consiste en encapsular, a modo de caja negra, una entidad que realiza una actividad; por tanto, ¿por qué depender de los tipos de sus variables privadas?

De ahí la Ley de Demeter: el cliente no debe conocer nada interno de la clase que invoca.

Un código es más mantenible en tanto que sus partes o módulos tienen menor acoplamiento o dependencia entre ellos, como ya he indicado en varias ocasiones. Del mismo modo, cuanto más desacoplados, más fácil resulta realizar tests sobre ellos.

D02: Usar «data transfer objects» (DTOs)

Es habitual que ciertas entidades de datos se usen y tengan que estar visibles a lo largo de todo el proyecto software y de todos o gran parte de sus módulos. ¿Cómo conseguimos cierta independencia cuando necesitamos transferir esas entidades de datos de un lado a otro?

Un elemento fundamental es el uso de DTOs, que son clases que se utilizan para representar datos que provienen directamente de repositorios de datos, por ejemplo, pero sin depender de los tipos finales y dependientes de éstos. Podrá cambiar la estructura de la base de datos, o incluso el tipo de repositorio de datos, pero si son los objetos DTOs los que viajan a través de la aplicación, el hecho de cambiar cómo persisten los datos no afectará a su funcionamiento y, además, facilita aún más la creación de tests.

Un ejemplo:

```
public class ComponentDTO
{
    public string Name { get; set; }
    public string Version { get; set; }
    public string Description { get; set; }
    public string LocalPath { get; set; }
    public bool IsCoreComponent { get; set; }
    public bool IsEnabled { get; set; }
    public bool IsInstalled { get; set; }
}
```

ComponentDTO es el objeto que se utiliza por los diferentes proyectos de la misma solución, es un objeto definido como tal en ella, no es generado directamente por ningún ORM (como el Entity Framework), reduciendo así la dependencia de una tecnología particular.

¿Cómo creamos esos objetos? Obviamente, debe existir una función de «mapeo» entre los objetos obtenidos directamente de la base de datos y una lista de objetos ComponentDTO, es un pequeño precio que hay que pagar para conseguir ese desacoplamiento. Sin embargo, la experiencia me demuestra que esta estrategia es más mantenible a lo largo del tiempo.

Por tanto, los DTOs:

○ Aíslan del motor de base de datos usado (la aplicación será mejor si no depende directamente de un tipo de repositorio de datos).

○ Los DTOs los define la aplicación, no un ORM o cualquier otra librería.

○ Desacoplan la tecnología de datos usada del resto de la aplicación.

○ Facilita la realización de tests.

○ Permite que los datos que usa la aplicación sean más sencillos (o modelen mejor la solución) que la estructura de datos real usada y que, por razones de rendimiento, puede ser más compleja.

○　　　Los DTOs viajan por todas las capas de la aplicación.

○　　　El uso de DTOs hace que la aplicación sea más resiliente al cambio.

A continuación, a modo de ejemplo, se muestra el script sql para la creación en MySql de una tabla de usuarios:

```sql
CREATE TABLE msp.users (
  id int(10) unsigned NOT NULL AUTO_INCREMENT COMMENT 'Primary Key: Unique user ID.',
  useruuid char(8) BINARY NOT NULL DEFAULT '' COMMENT 'User uuid',
  loginMail varchar(255) COMMENT 'User mail used for login',
  loginUserPassword varchar(255) NOT NULL DEFAULT '' COMMENT 'Login user password',
  userAlias varchar(255) NOT NULL DEFAULT '' COMMENT 'User alias',
  creationDateTime datetime DEFAULT NULL COMMENT 'Datetime time of entity creation',
  isAdmin tinyint(1) DEFAULT 0 COMMENT 'Indicates if user is admin',
  isValidated tinyint(1) DEFAULT 0 COMMENT 'Indicates if the user has been validated',
  PRIMARY KEY (id),
  UNIQUE KEY loginMail (loginMail)
) ENGINE=MyISAM AUTO_INCREMENT=1 DEFAULT CHARSET=utf8;
```

Y su correspondiente DTO en C#:

```csharp
public class UserDTO {
  public int Id { get; set; }
  public string UserUUID { get; set; }
  public string LoginMail { get; set; }
  public string LoginUserPasword { get; set; }
  public string UserAlias { get; set; }
  public DateTime CreationDateTime { get; set; }
  public bool IsAdmin { get; set; }
  public bool IsValidated { get; set; }
}
```

D03: Usar excepciones en lugar de códigos de error

Como ya hemos apuntado antes, el uso de códigos de error dificulta la legibilidad del código y aumenta la posibilidad de introducir nuevos errores.

👎

```csharp
int sendEmailResult = Mailer.send("contact@rafablanes.com", "Hola");

if ( sendEmailResult == (int)MailerErrorCodes.SMTP_INVALID)
{
  ...
} else if ( sendEmailResult == (int)MailerErrorCodes.MAIL_INVALID)
{
  ...
} else if ( sendEmailResult == (int)MailerErrorCodes.PORT_INVALID)
{
  ...
}
...
```

```
try
{
  Mailer.send("contact@rafablanes.com", "Hola");
}
catch( MailerException exp )
{
  ...
}
```

D04: Las excepciones se tienen que definir en función de las necesidades del cliente

Nada peor que una librería contemple cualquier situación de error, multiplicando así el número de excepciones diferentes posibles. En esto hay que pensar desde el punto de vista del cliente, es decir, del desarrollador que escribe el código que «consume» esa librería: ¿qué excepciones va a necesitar realmente? ¿Cuáles son de utilidad? ¿Se pueden agrupar ciertos tipos de error en una misma excepción? De ser así, con crear una excepción general e indicar un mensaje con los detalles, es suficiente.

Pocas aplicaciones necesitan gestionar todas y cada una de las posibilidades de error que pueden ocurrir con detalle.

D05: No devolver «null» para indicar una condición de error

¿Qué significa que una función devuelva «null»? ¿O «-1»? Debemos escribir código legible, incluso para devolver situaciones de error. ¿Significa ese null lo mismo para otras funciones de la misma aplicación? ¿Y si devuelve -2? En fin...

```
public MailResult sendMail( MailDTO mailToSend )
{
  MailResult res = null;

  try
  {
    res = Mailer.send("contact@rafablanes.com", "Adiós");
  }
  catch(MailerException exp)
  {
    AppLogger.error($"Algo falló: {exp.Message}");
  }

  // (*) Si se lanza la excepción, entonces se devuelve null
  return res;
}
```

Do6: Cohesión en clases

Las clases deben mantener el mayor grado de «cohesión»: cuantas más variables privadas de la clase manipula un mismo método de ella, más cohesión tiene ese método con su clase.

Cuanto más alta sea la cohesión, mayor número de clases y más pequeñas.

Una baja cohesión (hay métodos que no manipulan ninguna variable o muy pocas), hará que la clase sea más grande y, seguramente, revela que hay un diseño deficiente porque esa clase tiene más de una responsabilidad. Más adelante hablamos del concepto de principio de responsabilidad única («single responsability principle» o SRP).

Do7: Un buen uso de clases fuerzan a un buen diseño

La orientación a objetos, en su concepción esencial, obliga a modelar el universo del problema a resolver usando entidades abstractas denominadas «clases»; no obstante, es frecuente ver cómo se usan las clases tan solo para contener funciones relacionadas, ignorando el polimorfismo, la herencia, el concepto de clases abstractas, la encapsulación de variables privadas, etc. y conceptos afines y más avanzados de la orientación a objetos.

Me temo que llegué a ver cómo una solución basada en PHP la «objetivizaban», cuando en realidad lo que hacían era pasar funciones dentro de un «objeto», sin modelar la solución en base a clases, entidades abstractas, métodos de instanciación, polimorfirmo, herencias, etc.

Si nos tomamos en serio la orientación a objetos, entonces estamos obligados a utilizar patrones de diseño en nuestras soluciones. La orientación a objetos es un modelo de programación que persigue estructurar y modelar mejor y con un diseño superior una aplicación software; a veces se nos olvida todo su potencial para conseguir buenos diseños.

Do8: Forzar que el constructor sea privado

De ese modo, obligamos a crear métodos instanciadores de las clases a partir de los parámetros que necesita la clase para ser instanciada:

```
class Printer
{
    private static Printer printerInstance = new Printer();
    string ip;
    int port;

    private Printer()
```

```
   {
       this.ip = GlobalConfig.defaultPrinterIp;
       this.port = GlobalConfig.defaultPrinterPort;
   }

   public static Printer GetInstance()
   {
       return printerInstance;
   }
}
```

De este modo, a lo largo de la solución solo habrá una instancia del objeto Printer:

```
static void Main( string[] args )
{
   Printer printer = Printer.GetInstance();
}
```

Al marcar el constructor como privado, estamos obligando al cliente a llamar a GetInstance() parar crear el objeto (el compilador protestará si encuentra un new Printer()), reduciendo así la posibilidad de errores, que es lo que persigue esta técnica. Hablaremos extensamente sobre la importancia de cómo crear las instancias de los objetos. En este ejemplo, el uso correcto de las capacidades de la orientación a objetos, nos permite implementar fácilmente el patrón «singleton».

D09: Utilizar factorías de clases

Puesto que necesitamos desacoplar la implementación de las clases y cómo se crean, necesitamos un objeto intermedio que nos permita instanciar clases:

```
void PrintHtmlDocument( string htmlDoc )
{
   Printer printer = new Printer();

   string finalHtmlDoc = sanitize(htmlDoc);
   finalHtmlDoc = escape(finalHtmlDoc);

   printer.printFromHtml( finalHtmlDoc );
}
```

Al instanciar un objeto Printer, hay un gran acoplamiento entre PrintHtmlDocument y Printer. Mejor del siguiente modo:

```
void PrintHtmlDocument( string htmlDoc, PrinterFactory factory )
{
   Printer printer = factory.GetDefaultPrinter();

   string finalHtmlDoc = sanitize(htmlDoc);
```

```
    finalHtmlDoc = escape(finalHtmlDoc);

    printer.printFromHtml( finalHtmlDoc );
}
```

Hay una factoría de clases que nos crea el objeto en esta segunda versión. Un pasó aún mejor sería el siguiente:

👉 👉

```
void PrintHtmlDocument( string htmlDoc, IPrinter iPrinter )
{
    string finalHtmlDoc = sanitize(htmlDoc);
    finalHtmlDoc = escape(finalHtmlDoc);

    iPrinter.printFromHtml( htmlDoc );
}
```

El cliente indica también la dependencia del método para que funcione, consiguiendo el mínimo acoplamiento entre PrintHtmlDocument y Printer.

Estamos introduciendo ya el concepto de Inyección de Dependencias (DI o «Dependency Inyection»):

👉 👉 👉

```
void PrintHtmlDocument( string htmlDoc )
{
    IPrinter iPrinter = MyDIManager.GetPrinter();

    string finalHtmlDoc = sanitize(htmlDoc);
    finalHtmlDoc = escape(htmlDoc);

    iPrinter.printFromHtml( finalHtmlDoc );
}
```

Esta última versión y la anterior son las ideales, puesto que no hay acoplamiento entre PrintHtmlDocument y la implementación de IPrinter; hay un instanciador (MyDIManager) que se encarga de crear el objeto que necesita. Es un cambio sutil, aparentemente trivial, entre la primera versión de PrintHtmlDocument y esta última, pero la mejora en mantenibilidad, mejor diseño y testeabilidad de la solución empleando este enfoque es increíblemente mayor, como la cara y la cruz de una misma moneda. Hablaré de Inyección de Dependencias con más detalle (DI o «dependency inyection») más adelante junto con los principios de diseño S.O.L.I.D.

D10: Uso de interfaces en lenguajes orientados a objetos

Sorprende que de la programación orientada a objetos, el poco uso que se hace de todas las características de la misma. Hay que usar interfaces, y ¿por qué? Porque hay un principio universal que, de seguirlo, nos permite crear código más simple, mantenible y fácil de testear.

Principio: Hay que separar la creación de objetos de su implementación y de su uso. ¿Cómo? Mediante interfaces. Con el uso de interfaces, conseguimos:

o Desacoplar la definición de una funcionalidad de su implementación.

o Reducimos así el «acoplamiento» en la solución (mantra que repetimos y que nos conduce a tener una solución más mantenible y testeable).

o Es más fácil realizar tests si los objetos importantes de la solución implementan interfaces.

o Al diseñar «pensando en la interfaz», conseguimos no pensar en la implementación (sino en el «servicio» que debe proporcionar, y, por tanto, el diseño será más limpio.

Esto nos permitirá crear una solución con un código desacoplado (= sus partes dependen poco o nada las unas de las otras), y, como vengo insistiendo desde el comienzo de este libro, esa es la base para crear software mantenible. Obviamente, para la implementación de una interfaz, existirá la jerarquía de clases necesaria.

Se usan las interfaces para poner en marcha algunos los principios más importantes en el desarrollo de software profesional.

Supongamos una interfaz como la siguiente:

```
interface IMailSender
{
    void SendMail( MailDTO mailinfo );
}
```

Y un cliente que la consume de este modo:

```
void SendMultiple( List<MailDestinationDTO> destinations )
{
    IMailSender iMailer = MyDIManager.GetMailer();

    destinations.ForEach( item => {
        destination.Body = getCustomContent( item.MessageID );
      });

    iMailer.SendMultiple( destinations );
}
```

Esto es lo que se consigue al tener el envío de correo a través de una interfaz:

○ El cliente (método SendMultiple) no se preocupa de instanciar el objeto, ya lo hace MyDIManager.

○ Puede cambiar la implementación del envío de correos, pero al consumir IMailSender, el método no tiene que cambiar (= desacoplamiento)

○ ¿Cómo podemos hacer tests automatizados sobre SendMultiple sin necesidad de enviar correos de verdad? Haciendo en al ejecutar los tests, la versión de la implementación de IMailSender que devuelve MyDIManager.GetMailer() sea un «mock» que no envía correos (de modo que se facilita la creación de tests). En esencia, un «mock» es una implementación diferente de la interfaz; en este caso, se implementaría IMailSender de otro modo que no enviase correos de verdad, quizá mensajes a un simple fichero que los mismos tests podrían validar como parte de las pruebas.

D11: Acoplamiento

Un software muy acoplado es aquel en el que cada una de sus partes tienen una gran dependencia del resto. Es imposible modificar una sin afectar a lo demás. Como hemos visto, cuanto más acoplado, menos mantenible y testeable será nuestro software.

Veamos un ejemplo:

```
class FtpServer
{
   FtpClient fClient;
   FtpFiles fFiles;
   FilesLoader filesLoader;

   public FtpServer()
   {
      fClient = new FtpClient();
      filesLoader = new FilesLoader( global.FtpSource );
   }

   public void OpenConnection( FtpConnection ftpConn ) { ... }
   public FtpFiles GetFiles() { ... }
}
```

¿Qué podemos objetar de la clase FtpServer? Es una clase muy acoplada, aunque funcione y nos parezca de lo más normal. Sin embargo, se puede mejorar, porque:

○ Tiene fuertes dependencias de FtpClient, FtpFiles y FilesLoader (FtpServer está muy acoplada a ellas).

○ Se encarga que crear los objetos ella misma en el constructor. Si cambiase la construcción de FtpClient y FilesLoader, entonces habría que cambiar también FtpServer. Piénsalo: FtpServer necesita «usar» la funcionalidad que implementa esas tres clases,

¿por qué se tiene que preocupar de su instanciación e inicialización?

○ Esta versión de FtpServer es difícilmente testeable para crear pruebas unitarias.

Todo mejoraría si se usasen interfaces, de modo que una mejor versión sería la siguiente:

```
class FtpServer
{
    IFtpClient iClient;
    IFtpFiles iFiles;
    IFilesLoader iFilesLoader;

    private FtpServer() {}

    public static FtpServer CreateInstance( IFtpClient iFtpClient, IFilesLoader
iFilesLoader )
    {
        FtpServer fs = new FtpServer(),
        fs.iClient = iFtpClient;
        fs.iFilesLoader = iFilesLoader();

        return fs;
    }

    public void OpenConnection( IFtpConnection ftpConn ) { ... }
    public FtpFiles GetFiles() { ... }
}
```
Es lo mismo pero... no es lo mismo:

○ Esta nueva versión de FtpServer tan solo depende de unas interfaces que el cliente le tiene que pasar.

○ No se tiene que preocupar de crear los objetos de los que pedende.

○ La pasarle interfaces, podemos crear implementaciones diferentes de IFtpclient e IFilesLoader para crear tests sin necesidad de tener un ftp real activo.

Como ya te habrás dado cuenta, la última versión de FtpServer emplea el principio de Inyección de Dependencias, lo que nos permite desacoplar aún más FtpServer de lo que necesita para funcionar, y, además, le permite a FtpServer centrarse en lo que tiene que hacer (no en los detalles de construcción de sus dependencias).

Según cada entorno, existen diferentes aproximaciones para implementar DI. Una librería que uso mucho es NInject para C#.

Introducción al refactoring_

Refactorizar consiste en mejorar el diseño de una pieza de código que ya funciona para que sea más fácil de entender y más barato de cambiar sin modificar su comportamiento externo.

Lee de nuevo la frase anterior, porque de ahí se extrae todo un conjunto de consecuencias que afectan a la calidad de nuestro software.

Hay que tener en cuenta algo sutil que no siempre se tiene en la cabeza: el código va a ser más veces leído y cambiado que escrito por primera vez. Se refactoriza (se mejora su diseño) para hacerlo más legible y modificable.

La refactorización (palabra tomada del inglés «refactor»), no afecta al comportamiento del código, sino a su estructura y diseño interno. La mayoría de las técnicas de refactoring reducen el tamaño del código.

En este punto de El Libro Práctico del Programador Ágil, ya hemos visto bastantes buenas prácticas de buen diseño y de código limpio; todas ellas son esenciales para poder aplicar mejor las técnicas que vamos a ver a continuación para mejorar, mediante pequeños pasos (muy pequeños, a modo de micro-rediseños) algunos aspectos de nuestra solución.

De acuerdo, la mayoría de las buenas prácticas que vemos en este libro son relativamente sencillas y simples de practicar. ¿Para qué molestarnos si cada una de ellas abarca un aspecto muy simple de mejora? Del mismo modo que una maratón se termina corriendo uno, dos, tres y hasta cuarenta y dos kilómetros, es decir, poco a poco, todas estas prácticas, juntas, tienen un efecto acumulativo, de modo que, siguiéndolas, la naturaleza y calidad de un proyecto software no tiene nada que ver con el mismo proyecto sin su uso.

¿Qué le ocurre a una aplicación que nunca se refactoriza, que nunca es mejorada de ningún modo, que se queda con el mismo código que hicimos por primera vez y que no cambiamos nunca? Si a la aplicación hay que añadirle funcionalidad continuamente, necesariamente se corromperá y degenerará, es cuestión de tiempo, con la frustración y coste económico y en tiempo que puede suponer. Esta es una característica inherente al desarrollo de software.

Esto es una ley universal: la primera vez que escribes una pieza de código, casi nunca es la mejor pieza de código. Solo se consigue llegar a lo mejor después de un proceso de sucesivo refinamiento y mejoras (y de aprendizaje, a medida que conocer con mayor detalle lo que se necesita implementar).

La mayoría de las técnicas de refactorización están íntimamente ligadas a la orientación a objetos. Si tu aplicación está basada en un lenguaje orientado a objetos (como Java, C#, C++, etc.) pero en ella no hay nada que huela a interfaces, polimorfismo, clases abstractas, etc., entonces tienes mucho trabajo por hacer.

Para refactorizar, en primer lugar se asume que tienes tu solución suficientemente respaldada por tests: cuando refactorizamos estamos cambiado un trozo de código para mejorarlo. ¿Cómo estamos seguros de que todo sigue funcionando y que ese pequeño cambio no ha afectado a esa funcionalidad y no tiene efectos secundarios? Ya sabes la respuesta, porque hay tests que alertarían de lo contrario, y además lo hacen de forma rápida. Sin tests que cubran suficientemente bien nuestro proyecto, podemos mejorar algo y provocar un error en otra parte del mismo.

Por tanto, refactorizar y desarrollar orientado a pruebas son conceptos que están íntimamente ligados.

Aplicar técnicas de refactorización ahorra dinero, sí, puede ahorrar muchísimo dinero a lo largo de la vida de una aplicación. Cuando mejoramos la solución, la estamos haciendo más simple, con menos errores, más legible, etc., por tanto, la estamos limpiando y puliendo para que encontrar errores sea más fácil, y el tiempo dedicado a ello (= costes) sea menor. Este es un buen argumento que trasladar al responsable del proyecto cuando vemos la necesidad de dedicar tiempo a mejorar lo que hay (aunque ya funcione). O piensas en el corto plazo para salir adelante, o eres algo más inteligente y te preocupas también por el largo plazo.

Por otro lado, si refactorizar ahorra dinero, también lo hace porque nos permite desarrollar código con mayor velocidad: ¿qué es más rápido, programar bajo un buen diseño o escribir código en una solución mal estructurada, difícil de evolucionar y con un diseño pobre o nulo y sin tests?

Un aspecto importante al evolucionar la aplicación mediante estas micromejoras en el diseño, es que, en algunas ocasiones, hay que elegir entre obtener un mayor rendimiento de ejecución del código o tenerlo mejor estructurado bajo un diseño más elegante. Dependiendo de la aplicación y si se lo puede permitir, habrá que elegir entre una opción u otra. Esto puede ocurrir en casos muy concretos.

¿Cuándo se refactoriza? Esto es, ¿cuándo se aplican las técnicas de refactoring?

Continuamente y, además, se produce el efecto de que a medida que las conoces, las vas interiorizando sin darte cuenta y aplicando de modo natural, incluso olvidando que ese pequeño cambio que realizas, tiene nombre propio como técnica de refactoring. Además, con el tiempo irás descubriendo que a medida que programas más y más con todas estas técnicas, muchas de ellas no tendrás que «aplicarlas», ya que la primera versión de una nueva pieza de código, ya las incluye.

Conviene aplicar estas micromejoras poco a poco, porque si se introduce un error al introducirlas, entonces será más fácil de detectar y de corregir.

De modo que, según todo lo anterior, el ciclo básico de refactorizar es el siguiente: aplicar un pequeño cambio, después testear, aplicar otro pequeño cambio, testear, cambio, testear, cambio, testear, etc. Así hasta que comprobemos que el estado de la solución actual es suficientemente bueno como para añadir más y mejor funcionalidad y, como resultado de todo ello será tener una aplicación con un diseño excelente y mantenible.

Si hemos heredado un proyecto en el que hay deficiencias importantes en el diseño y mucho trabajo por mejorar, entonces lo único que podemos hacer es resignarnos y aplicar poco a poco todas las mejoras que vayamos pudiendo incluir, tanto de diseño, de aplicación de patrones como de código limpio y de refactoring.

Por último, podemos intuir que es necesario refactorizar aunque todavía no sepamos qué. Con el tiempo y la experiencia se va generando cierta intuición que hace que con solo ver una aplicación, su estructura y algunos trozos de código, sabes si se puede mejorar o no; para ello, también nos pueden ayudar las «bad smells» («malos olores») que veremos a continuación.

Podemos definir los «bad smells» como ciertas pistas que nos ayudan a detectar si una pieza de código puede ser mejorada en algunos de sus aspectos. Vamos a ver las más relevantes. Las traducciones al castellano son propias y no siempre suenan bien, de modo que he dejado su nombre en inglés (más explícitos) en algunos casos.

BS01: Métodos y clases largas

Nada peor que encontrarte con un archivo de cientos de líneas que corresponden a la misma clase. Esto revela deficiencias en el diseño y, seguramente, también que la clase tiene una cohesión baja, tal y como definimos anteriormente.

Salvo casos muy contados (definición de APIs o implementación de algoritmos con cierta complejidad), en la mayoría de las ocasiones se podrá comprobar que esa clase es monolítica: es una clase, vale, pero tan solo sirve para encapsular un conjunto de métodos y no tiene nada que ver con la orientación a objetos.

Una clase extraordinariamente extensa suele ser así porque implementa funcionalidad con características muy diferentes que deberían estar mejor estructuradas con la correspondiente segregación de clases, interfaces, etc.

Recuerda: cuanto más pequeña es una clase y simple la funcionalidad que resuelve, más se facilita la creación de tests sobre ella. Ahora bien, encontrar el punto correcto de sencillez y tener un buen diseño, no siempre es fácil.

BS02: Lista de parámetros larga

Igual que en el punto anterior, un método o función que recibe muchos parámetros suele revelar que implementa más de una funcionalidad. Si los parámetros no se pueden agrupar en una estructura porque no son afines sino que modelan el comportamiento del método o la función, entonces el defecto está claro.

En este caso, hay que estudiar si se puede estructurar la función en otras más pequeñas y granulares. Además, cuanto más nivel de «granularidad» consigamos, más probable será que dispongamos de funciones reutilizables en otras partes del proyecto.

BS03: Cambio divergente («divergent change»)

¿No te ha pasado nunca que al cambiar algo de una clase, un sencillo método, te obliga a cambiar otros de la misma clase? Este efecto revela que no hay una división funcional correcta y que el acoplamiento entre los métodos de la misma clase es alto. Hay que tender a que cada método sea lo más independiente del resto posible.

BS04: Cirugía de metralla («shotgun surgery»)

Este bad smell es muy habitual: ocurre cuando cambiamos algo en la aplicación, un método de una clase o la definición de una interfaz, y esto nos obliga a cambiar muchos otras partes de la solución. En ocasiones es necesario que así sea (como cuando se cambia la definición de una API), pero en otras revela que las partes de la aplicación son demasiado dependientes las unas de las otras (y esto ya sabemos que no es bueno), de ahí que al tocar en un sitio se provoquen errores no deseados (y posiblemente no detectados) en otros.

BS05: Característica envidiosa («feature envy»)

Esta situación se produce cuando una clase utiliza demasiado una instancia de otro tipo. Esto revela que quizá ambas clases, en conjunto, resuelven una funcionalidad coherente y se deberían unificar en una sola.

BS06: Montones de datos («data clumps»)

Se produce un «data clump» cuando un mismo conjunto de variables es usado repetidamente en diferentes partes de la solución. Por poner un ejemplo trivial, supongamos que las credenciales para acceder a un ftp (si es ftp o ftps, nombre de usuario y contraseña) aparecen como un trío de variables en diversas clases, por aquí y por allá. ¿No sería mejor agrupar esas tres variables en una clase propia?

BS07: Obsesión por las primitivas («primitive obsessions»)

En ocasiones observamos que un mismo trozo de código, de apenas unas líneas, aparece repetido continuamente. En este caso, ¿no sería mejor agrupar esa pequeña funcionalidad en un método a modo de primitiva o incluso en una clase que agrupe esas primitivas?

Por poner un ejemplo ilustrativo y muy simple:

```
if ( request.userId == 1 && request.Session.Athenticated == true ) { … }
```

¿No sería mejor primitivizar esta condición en un mismo lugar si se repite a menudo?:

```
if ( UsersHelper.IsAdminAndLogged( request ) ) { … }
```

BS08: Sentencias «switch» repetidas o similares

Vemos que muchos de los «bad smells» típicos tratan de evitar la repetición de código. Este en concreto detecta si hay demasiadas estructuras switch repetidas y que realizan lo mismo o algo similar. Tan pronto como hay dos sentencias switchs que hacen exactamente lo mismo, hay que aislarlas en un método o función. Así, si hay que añadir un nuevo caso (case x:) nunca introduciermos el bug de cambiarlo en un sitio y no en todos; comprobamos de nuevo que con un mejor diseño, evitamos introducir bugs.

BS09: Clases vagas («lazy class»)

Ya hemos visto que como práctica de código más sencillo y mantenible hay que tender hacia diseños con una buena jerarquía o distribución de clases simples. Pero... ¿cómo de simples? Tampoco podemos llegar al absurdo de mantener una clase con un único método con una única línea de código.

Para estas clases que realmente no aportan nada al diseño y que lo que hacen es contener una pequeña funcionalidad, es mejor agrupar ésta en clases más grandes y cuyo propósito sea ese: agrupar pequeñas funcionalidades dispersas. He visto que la comunidad suele hacer esto creando clases estáticas y de nombre (yyy)Helper.

BS10: Propiedades temporales

Esta situación se produce cuando existe una variable temporal en la clase que se utiliza muy poco. ¿Es realmente necesario mantenerla si apenas se utiliza? Esto crea confusión y seguramente sea innecesario; recuerda el concepto de «cohesión».

BS11: Exceso de comentarios

Hemos hablado largo y tendido en la parte de código limpio acerca del buen uso de comentarios. Si es necesario crear un comentario más bien extenso que explique qué hace un trozo de código, entonces hay que revisar si realmente es necesario o si en su lugar se puede simplificar y hacer más legible el código que comenta. A veces no es trivial, pero en la mayoría de las ocasiones, se pueden evitar comentarios así. Recuerda: la mejor descripción para un trozo de código es... el mismo código.

BS12: Llamadas encadenadas («message chains»)

Esta situación se produce cuando una clase llama a otra y a su vez esta a otra y a su vez... así hasta varios niveles de profundidad. Esto suele revelar un acoplamiento alto entre ellas (y una cadena de dependencias frágil). Si esta situación ocurre, hay que preguntarse si se puede llegar a un diseño en el que la funcionalidad está más desacoplada.

Técnicas de refactoring_

A continuación, vamos a ver las técnicas de refactoring más prácticas y que más se usan. Existen muchísimas más, tal y como recoge Martin Fowler en su libro «Refactoring: improving the design of existing code» o en sitios como «refactoring.guru». Para mi sorpresa, existe poca literatura en castellano que hable de estas técnicas salvo posts en webs personales.

Cada técnica se identifica por un nombre, y para cada una de ellas se describe una motivación y unos casos de aplicación. Puesto que las traducciones al castellano no siempre suenan bien (como en la sección anterior sobre las «bad smells»), he dejado el nombre de la técnica en inglés en aquellos casos en que en español es más largo o malsonante.

Cada vez que apliquemos un cambio, hay que pasar de nuevo todos los tests de la aplicación para asegurar que no se ha roto nada (vale, es evidente, pero lo indico igualmente). Por esta razón, se le da mucha importancia a los tests unitarios, puesto que deben ser rápidos de ejecutar porque se lanzarán muy frecuentemente.

En cada «commit» o su equivalente en la herramienta de control de versiones que se use, conviene indicar el nombre del método de refactoring que se ha aplicado; esto puede ayudar a identificar más rápidamente el cambio en caso de que sea necesario.

Por un efecto acumulativo después de aplicar sucesivos refactorings en el día a día, descubriremos que nuestro código es mucho más fácil de testear y, por tanto, tendrá mejor calidad.

Por último, la aplicación de algunas técnicas da pie a la aplicación de otras, como por ejemplo, después de aplicar varias veces «introduce explaining variable» sobre un mismo método, quizá veamos necesario aplicar «replace temp with query». Es decir, las técnicas de refactoring se pueden concatenar. Veamos en qué consisten.

R01: Extract method

Esta técnica es muy sencilla y la aplicamos de forma natural habitualmente. La cuestión es, cuando repasemos el diseño de un trozo de código, estar atento a si la podemos utilizar.

Con esta técnica, se extrae un método nuevo a partir de un bloque de código que realiza una actividad concreta:

Código original:

```
static void Main( string[] args )
{
    List<User> users;

    using( StreamReader r = new StreamReader("users.json") )
    {
        string json = r.ReadToEnd();
        users = JsonConvert.DeserializeObject<List<User>>( json );
    }

    foreach( User u in users )
    {
        Console.WriteLine( $"{u.name} - {u.age}" );
    }
}
```

Después de aplicar la técnica:

```
static void ShowUsersInConsole( List<Users> users )
{
    foreach( User u in users )
    {
        Console.WriteLine( $"{u.name} - {u.age}" );
    }
}

static void Main( string[] args )
{
    List<User> users;

    using( StreamReader r = new StreamReader("users.json") )
    {
        string json = r.ReadToEnd();
        users = JsonConvert.DeserializeObject<List<User>>( json );
    }

    ShowUsersInConsole( users );
}
```

De este modo, Main() queda más pequeño y quizá ShowUsersInConsole() se pueda reutilizar en otro momento en la aplicación. Esto no es más que un sencillo ejemplo, pero se puede ver que de este modo, podemos conseguir que el código sea más testeable.

R02: Inline method

Con inline method se intuye que un trozo de código pequeño es tan claro, que no hace falta tenerlo aislado en su propio método o función.

Código original:

```
bool IsEven( int day )
{
```

```
    return day % 2 == 0;
}

string GetCodeForDay( int day )
{
    return IsEven( day ) ? "A" : "B";
}
```

Después de aplicar la técnica:

```
string GetCodeForDay( int day )
{
    return day % 2 == 0 ? "A" : "B";
}
```

En «extract method» sacamos una funcionalidad con cierta entidad. En inline method evitamos gastar una función o método para algo realmente simple que habla por sí mismo.

R03: Replace temp with query

Se aplica cuando se utiliza una variable temporal para guardar el resultado de una expresión más o menos compleja o pesada de obtener. Esta técnica consiste en extraer esa expresión en un método aparte.

Código original:

```
string GetCode( int units, int price, float discount )
{
    float finalPrice = units * price * (1 - discount * 100);

    if ( finalPrice > 120 ) { ... }
    else { ... }
}
```

Después de aplicar la técnica:

```
float GetFinalPrice( int units, int price, float discount )
{
    return units * price * (1 - discount * 100);
}

string GetCode( int units, int price, float discount )
{
    if ( GetFinalPrice(units, price, discount) > 120 ) { ... }
    else { ... }
}
```

Independientemente de lo que haga este trozo de código, vemos que GetCode() queda más sencillo y, además, tenemos GetFinalPrice() como función independiente que podemos cubrir con pruebas unitarias. Además, si la expresión se repite a lo largo de la aplicación, ya tenemos un modo de reutilizarla.

R04: Introducir variables explicativas

Si existe una expresión complicada, difícil de entender a simple vista, hay que introducirla en una variable temporal con un nombre que la aclare. Después, si conviene, se podría aplicar «replace temp with query».

Código original:

```
if ( (platform.os.toUpperCase().indexOf("MAC") > -1 ) &&
     (browser.toUpperCase().indexOf("IE") > -1 ) &&
     wasInitialized() && resize > 0
   ) {
   // hacer algo...
}
```

Después de aplicar la técnica:

```
var isMacOS = platform.os.toUpperCase().indexOf("MAC") > -1;

var isIEBrowser = browser.toUpperCase().indexOf("IE") > -1;
var wasResized = resize > 0;

if ( isMacOS && isIEBrowser && wasInitialized() && wasResized ) {
   // hacer algo...
}
```

Más legible así, ¿no?

R05: Dividir variables temporales

Cuando se usa la «misma» variable temporal para más de una expresión, introducir una nueva variable temporal:

Código original:

```
int temp = (width * height) / 10;
...
temp = ratio * 20 - getQuota();
```

Después de aplicar la técnica:

```
int area = (width * height) / 10;
int finalRatio = ratio * 20 - getQuota();
```

En el primer ejemplo, se usa temp para dos expresiones diferentes: esto crea confusión y hace más difícil comprender y depurar el código. Nombrando correctamente la variable temporal, comprendemos mejor lo que contiene.

R06: Eliminar asignaciones a parámetros

No asignar valores a parámetros de entrada, éstos deben permanecer siempre constantes durante todo el método.

Código original:

```
function DeleteFolder( pathToRemove ) {
    pathToRemove = path.join( global.RootPath, pathToRemove );

    return new Promise( (res, rej) => {
        try {
            fsExtra.removeSync(pathToRemove);
            res();
        } catch( err ) {
            rej(err);
        }
    });
}
```

Después de aplicar la técnica:

```
function DeleteFolder( relativePathToRemove ) {
    var finalPath = path.join( global.RootPath, relativePathToRemove );

    return new Promise( (res, rej) => {
        try {
            fsExtra.removeSync(finalPath);
            res();
        } catch( err ) {
            rej(err);
        }
    });
}
```

En entornos donde por defecto los parámetros se pasan «por referencia» y no por valor, si se modifican en el método, entonces estamos modificando la variable de origen, generando errores e introduciendo bugs inesperados porque no imaginamos que un método esté cambiando variables que se les pasa como parámetros.

R07: Replace method with method object

Cuando hay un método largo que usa variables locales, y no es fácil emplear Extract Method, extraerlo a un nuevo objeto.

Código original:

```
public int GetQuota()
{
    int marginalQuota = GetCalculatedQuota(baseQuota);
    int finalQuota = 0;

    vendors.ForEach( (v) => {
        // ...
    });
```

```
    // Más cáculos...

    return finalQuota;
}
```

Después de aplicar la técnica:

```
public int GetQuota()
{
    return new QuotaCalculation(this).calculate();
}
```

R08: Substitute algorithm

Sustituir un algoritmo complejo por una versión más sencilla y clara.

Código original:

```
function CompileFile( f ) {
    var fullPathToTmpFile = path.join( _tmpPath, f.entityFileName );
    var stream = fs.createWriteStream( fullPathToTmpFile );

    stream.once( "open", (fd) => {
        for( let i = 0 ; i < f.chunks.length; i++ ) {
            let chunk = cloneChunk( f.chunks[i].chunkBuffer );

            for( let j = 0; j < chunk.length; j++ ) {
                chunk[j] = transverse( chunk[j] );
            }

            stream.write( f.chunks[i].chunkBuffer );
        }

        stream.end( () => {
            res( fullPathToTmpFile );
        })
    });
}
```

Después de tratar de simplificar el algoritmo anterior:

```
function CompileFile( f ) {
    var fullPathToTmpFile = path.join( _tmpPath, f.entityFileName );

    createStream( fullPathToTmpFile )
        .onOpen( (stream) => {
            f.chunks.forEach( (chunk) => {
                stream.write( transverseChunk( cloneChunk(chunk) ) );
            })
        })
        .onEnd( () => {
            res( fullPathToTmpFile );
        });
}
```

Aún obviando lo que hace CompileFile(), está claro que esta última versión es más sencilla de seguir.

R09: Move method

Se aplica cuando un método utiliza más características de otra clase que de la clase donde se encuentra.

Código original:

```
class Device
{
    public void TurnOffDevice( IDeviceType deviceType )
    {
        List<string> commands = deviceType.getCommands();

        commands.forEach( (command) =>
        {
            if ( command.StartsWitdh("TOD") )
            {
                deviceType.sendCommand( command );
            }
        });

        deviceType.logShutdownEvent();
    }
}
```

Después de aplicar la técnica:

```
class Device
{
    public void TurnOffDevice( IDeviceType deviceType )
    {
        deviceType.TurnOff();
    }
}
```

Toda la lógica que había antes en el método TurnOffDevice (llamando a múltiples métodos de IDeviceType), la hemos movido al nuevo método IDeviceType::TurnOff().

R10: Move field

Existe una variable en una clase A que ésta utiliza más en otra clase B que usa. Hay que mover la variable de la clase A a la B. En el siguiente ejemplo se ve más claro.

Código original:

```
class Canvas
{
    string imageType;
```

```
    public void DrawText( CustomImage img, string text )
    {
        if ( imageType == "PNG" )
        {
            img.DrawText( imageType, text );
        }
        else if ( imageType == "JPG" )
        {
            img.DrawTextWithOffset( imageType, text, 12, 12 );
        }
    }
}
```

Después de aplicar la técnica:

```
class Canvas
{
    public void DrawText( CustomImage img, string text )
    {
        if ( img.getType() == "PNG" )
        {
            img.DrawText( "PNG", text );
        }
        else if ( img.getType() == "JPG" )
        {
            img.DrawTextWithOffset( "JPG", text, 12, 12 );
        }
    }
}
```

Aunque este es un ejemplo ilustrativo, un pequeño retoque final:

```
class Canvas
{
    public void DrawText( CustomImage img, string text )
    {
        if ( img.getType() == ImagesTypes.PNG )
        {
            img.DrawText( ImagesTypes.PNG, text );
        }
        else if ( img.getType() == ImagesTypes.JPG )
        {
            img.DrawTextWithOffset( ImagesTypes.JPG, text,
                                    Config.JPGOffsetX,
                                    Config.JPGOffsetY );
        }
        else
        {
            throw new Exception("Formato de imagen no soportado");
        }
    }
}
```

R11: Sustituir un array por un objeto

Se utiliza un array cuyos elementos representan cosas diferentes. Hay que sustituir esos elementos por un objeto con campos equivalentes a modo de entidad.

Código original:

```
var element = new Array(3);

element[0] = "Rafael";
element[1] = 29;
element[2] = "Madrid";
...
```

Después de aplicar la técnica, generamos un nuevo objeto que encapsule las propiedades anteriores:

```
class UserInfo()
{
   public UserInfo( string name, int age, string city )
   {
      this.Name = name;
      this.Age = age;
      this.City = city;
   }

   public string Name { get; set; }
   public int Age { get; set; }
   public string City { get; set; }
}

var element = new UserInfo( "Rafael", 29, "Madrid" );
```

En este caso, después de aplicar el cambio, se genera más código, pero ganamos en legibilidad, mejor diseño, mejor testeabilidad y es más difícil introducir errores.

R12: Reemplazar un condicional con polimormismo

Hay una sentencia condicional en la que se elije un comportamiento diferente según el tipo de un objeto. Se puede reemplazar por una clase abstracta y subclases.

Código original:

```
static double GetBasePrice( Car newCar )
{
   ...
   switch( newCar.GetType() )
   {
      case Constants.PEUGEOUT:
      {
         return basePrice * peugeoutRatio * 0.3;
      }
      case Constants.TOYOTA:
      {
         return basePrice * toyotaRatio * 0.9;
      }
      case Constants.KIA:
      {
```

```
        return basePrice * kiaRatio * 0.1;
      }
    }
}
```

Después de aplicar la técnica:

```
public abstract class Car {
   public double GetBasePrice() { return 0.0; }
}

public class CarPeugeout : Car
{
   double base, ratio;

   public Car( basePrice, ratio )
   {
      this.base = basePrice;
      this.ratio = ratio;
   }

   public double GetBasePrice()
   {
      return ratio * ratio * 0.3;
   }
}
```

Y sus equivalentes clases CarToyota y CarKia; de este modo, el switch original ya no haría falta.

R13: Renombrado de un método

El nombre de un método no revela su propósito. Hay que indicarle un nombre más explicativo.

Código original:

```
string Ip( string url )
{
   DNSProvider prov = new DNSProvider();
   DNSData data = prov.extractFromUrl(url);

   return string.Format( $"{data.IP}:{data.Port}" );
}
```

Después de aplicar la técnica:

```
string GetIPAndPortFromFullUrl( string url )
{
   DNSProvider prov = new DNSProvider();
   DNSData data = prov.extractFromUrl(url);

   return string.Format( $"{data.IP}:{data.Port}" );
}
```

Ya hemos visto en las técnicas de código limpio la importancia de nombrar correctamente, esto aumenta la comprensión y legibilidad del código y, por tanto, su mantenimiento.

R14: Reemplazar parámetros con métodos explícitos

Se aplica cuando en un método se ejecuta diferente código según el valor de un parámetro.

Código original:

```
function SendMessage( method, message, mailerConfig, smsConfig ) {

   if ( method === "MAIL" ) {
      Mailer mailer = Mailer.fromConfig( mailerconfig );
      mailer.SendMail( message );
   } else if ( method === "SMS" ) {
      SMSProvider smsProvider = SMSProvider.fromConfig( smsConfig );
      smsProvider.SendSMS(message);
   }
}
```

Después de aplicar la técnica:

```
function SendMail( message, mailerconfig ) {

   Mailer mailer = Mailer.fromConfig( mailerconfig );
   mailer.SendMail( message );
}

function SendSMS( message, smsConfig ) {
   SMSProvider smsProvider = SMSProvider.fromConfig( smsConfig );
   smsProvider.SendSMS(message);
}
```

Por regla general, nunca se debe implementar un método que en su flujo de ejecución no use alguno de los parámetros. Con este cambio, tenemos dos métodos más sencillos y más fáciles de probar. Es posible que así la lógica del cliente tenga que cambiar, pero es necesario que sea así para conseguir un mejor diseño.

R15: Reemplazar el constructor con un método factoría

Se utiliza cuando el constructor recibe un parámetro indicando «un tipo» que debe representar la clase. Mejor crear una clase abstracta con subtipos.

Código original:

```
class Employee
{
  int _type;

  public Employee( int type )
  {
    _type = type;
```

```
  }
  ...
}
```

Después de aplicar la técnica:

```
abstract class Employee
{
  int _type;

  // Ahora el constructor es privado
  Employee( int type )
  {
    _type = type;
  }

  static public Employee CreateFromType( int type ) {
    switch( type )
    {
      case Constants.Engineer: { return new EmployeeEngineer(); }
      case Constants.Workman: { return new WorkmanEngineer(); }
      ...
    }
  }
}

class EmployeeEngineer : Employee {}
class EmployeeWorkman : Employee {}
...
```

Más código, sí, pero mucho mejor diseño y facilidad de realizar testing.

R16: Reemplazar códigos de error con excepciones

No es una buena práctica devolver códigos de error basadas en enteros o cadenas especiales.

Código original:

```
function RewriteFile( fileName ) {
  var fileSize = GetFileSize( fileName );

  if ( fileSize == 0 ) return -1;

  ...
}
```

Después de aplicar la técnica:

```
function RewriteFile( fileName ) {
  var fileSize = GetFileSize( fileName );

  if ( fileSize == 0 ) throw new Error("Fichero vacío");
  ...
```

}

Se ha hablado del uso de excepciones en la sección de código limpio; tan solo insistir en que el tratamiento de errores debe estar basado siempre en el correcto uso de excepciones.

R17: Pull up field

Dos subclases (clases que heredan de la misma clase padre) tienen el mismo campo. Hay que elevarlo a la clase padre.

Código original:

```
class EmployeeEngineer : Employee
{
   int age;
   ...
}

class EmployeeWorkman : Employee
{
   int age;
   ...
}
```

Después de aplicar la técnica:

```
abstract class Employee
{
   int age;
   ...
}

class EmployeeEngineer : Employee
{
   ...
}

class EmployeeWorkman : Employee
{
   ...
}
```

Obvio..., pero frecuente.

R18: Pull up method

Mismo concepto que el anterior, pero en este caso, lo que se eleva es un método cuando las subclases tienen uno que hacen lo mismo.

Código original:

```
class EmployeeEngineer : Employee
{
```

```
   public int GetWorkAverage()
   {
      return (workedHours * ratio) / workedDays;
   }
   ...
}

class EmployeeWorkman : Employee
{
   public int GetWorkAverage()
   {
      return (workedHours * ratio) / workedDays;
   }
}
```

Después de aplicar la técnica:

```
abstract class Employee
{
   public int GetWorkAverage()
   {
      return (workedHours * ratio) / workedDays;
   }
   ...
}
```

R19: Pull up constructor body

Similar a los dos anteriores, en este caso, es el constructor lo que se eleva a la clase padre, que en las subclases son iguales o similares:

```
class EmployeeEngineer : Employee
{
   public EmployeeEngineer( int age ) : base(age)
   {
      baseIncomeIndex = Repository.Incomes.getBaseIncomes();
   }
   ...
}

class EmployeeWorkman : Employee
{
   public EmployeeWorkman( int age ) : base(age)
   {
      baseIncomeIndex = Repository.Incomes.getBaseIncomes();
   }
   ...
}
```

Mejor que baseIncomeIndex se obtenga también en el constructor de la clase padre Employee. Por cierto, esto no es más que un ejemplo, pero los recursos «pesados» de obtener, como en este caso, que baseIncomeIndex parece que obtiene una lista de ingresos bases a partir de un repositorio de datos, es mejor obtenerlos justo en el momento en que vayan a hacer falta.

R20: Extraer interfaz

Se aplica cuando muchos clientes utilizan el mismo subconjunto de métodos de la misma clase.

Código original:

```
public class Device

{
    public int GetType() {}
    public void SendCommand() {}
    public void SendCommandSerial() {}
    public bool CheckDevice( string testCommands ) {}
    ...
}
```

Después de aplicar la técnica:

```
public interface IDeviceCommand

{
    public void SendCommand() {}
    public void SendCommandSerial() {}
}

public class Device : IDeviceCommand
{
    public int GetType() {}
    public void SendCommand() {}
    public void SendCommandSerial() {}
    public bool CheckDevice( string testCommands ) {}
}
```

Supongamos que en este ejemplo los métodos SendCommand y SendCommandSerial son llamados por muchos clientes que los usan, pero que no usan o utilizan poco los otros métodos de la clase. Mejor que esos clientes dependan de una interfaz simple que de una clase «grande» de la que solo utilizan una parte. Esto permite que los clientes estén más desacoplados y dependan de una interfaz, no de una clase.

Desarrollo de Software Ágil_

Lejos queda cuando el único enfoque de desarrollo de software pasaba por aplicaciones monolíticas y metodologías en cascada. El resultado de todo esto es bien conocido en nuestra industria: software rígido, difícil de modificar y muy difícil de testear, mayor probabilidad de retrasos en las entregas y desviaciones en relación a la funcionalidad esperada por el cliente.

En este momento de nuestra industria en la que el software lo domina prácticamente todo, es evidente que corregir lo anterior tiene mucha importancia.

Ya hemos visto algunas de las «bad smells» que nos ayudan a detectar deficiencias en el diseño así como una definición de la calidad del software, pero es que, además, desde una óptica más general, podemos detectar si una aplicación es técnicamente pobre si reúne algunos de los siguientes elementos:

○ **Rigidez**: el diseño el difícil de cambiar. Por ejemplo, cuando cambiar una jerarquía de clases involucra modificar muchas partes de la aplicación.

○ **Fragilidad**: una aplicación es frágil cuando el diseño es fácil de romper, como cuando al introducir una nueva funcionalidad, nos obliga a rediseñar toda la aplicación o a hacer cambios importantes en ella. Un diseño «frágil» se intuye cuando comprobamos que todo está un poco «cogido por los pelos».

○ **Inmovilidad**: el diseño de la aplicación es imposible de reutilizar. ¿De verdad hay que reimplementar la lógica de creación de logs en cada aplicación o el mecanismo de «login» de una aplicación web, por poner algunos ejemplos?

○ **Viscosidad**: se produce cuando se ha diseñado la aplicación de un modo que aún sabiendo cómo hacerlo mejor, resulta muy complicado porque supondría remodelar la aplicación con el coste asociado que ello conllevaría.

○ **Complejidad innecesaria**: se percibe que hay un modo de hacer alguna parte de la aplicación de una forma más fácil pero se ha sobrediseñado de un modo innecesario. Buscamos siempre soluciones fáciles y lo más simples posible.

○ **Repeticiones innecesarias**: se ve que hay partes que se podrían unificar y se percibe o huele que se repiten funcionalidades similares en exceso.

Escribir un programa está al alcance de cualquiera, incluso en un «bootcamp» se puede aprender a programar en pocas semanas hasta de forma divertida. Pero escribir un proyecto de forma profesional, y que se mantenga vivo y en producción durante años alimentando las tripas de un negocio que factura, es otra historia.

Reconocer los problemas anteriores en un proyecto ya en marcha e incluso en explotación, suele ser muy difícil por los mismos desarrolladores que lo hicieron, aunque ya sabemos cómo termina la historia: software rígido imposible de testear, con errores importantes en producción que se arreglan en caliente, un negocio frustrado por los sobrecostes y la lentitud para introducir más funcionalidad y, con el tiempo, en el mejor de los casos, una nueva versión del proyecto (que en ocasiones no es más que un nuevo proyecto comenzado desde cero).

En una economía cambiante y con tecnologías, soluciones y proyectos que varían de la noche a la mañana, es evidente que el enfoque anterior no servía, de modo que había que buscar soluciones.

El manifiesto de software ágil es bien conocido y lo que viene a decir, en esencia, es que, si todo cambia, incluso los requisitos del cliente al comienzo, durante y al final de la ejecución de un proyecto, entonces hay que desarrollar software que permita el cambio de la forma más fácil posible. El manifiesto ágil también entra en otro tipo de consideraciones no solo técnicas; recomiendo a quien no lo conozca que profundice en él y en todas las prácticas que se consideran ágiles (https://agilemanifesto.org/iso/es/manifesto.html).

Muy básicamente, puesto que aquí vamos al grano y a lo práctico: el desarrollo de software ágil consiste en aumentar la funcionalidad en pequeños pasos.

Parece trivial esta afirmación pero implica enormes cambios en el modo y la concepción de desarrollar software y sus dinámicas de equipo y metodológicas asociadas.

La primera consecuencia relevante, es que, si la solución necesariamente va a cambiar (y de un modo que aún no se puede prever), entonces, el diseño y la arquitectura no pueden ser corsés o armazones cerrados que se definen al principio (al menos no totalmente), sino que tanto el diseño como la arquitectura deben poder ser modificados a medida que aumenta la funcionalidad de la solución. Ups... Es decir, no solo cambia la funcionalidad, también el diseño y la arquitectura.

Otra consecuencia igual de importante: si el proyecto software cambia (nuevos métodos, cambios en ellos, nuevas clases, nueva funcionalidad, se quita funcionalidad obsoleta, se mejora un algoritmo, se refactoriza esto y aquello continuamente, etc.), entonces... ¿cómo asegurar que ante cualquier cambio, por mínimo que sea, no rompe nada en la solución y ésta sigue funcionando correctamente? Obviamente, con tests (unitarios, de intregración, validación, etc.).

El desarrollo ágil implica diseñar aplicaciones testables y el desarrollo de tests automatizados se considera una parte más del trabajo de desarrollo que hay que realizar.

El ciclo básico de desarrollo ágil consiste en iterar continuamente en un bucle repetitivo que, de forma simplificada, se pueden describir con los siguientes pasos:

1) Recopilación de requisitos (o revisar los que ya hay, en forma de historias de usuario, backlog, catálogo de requisitos, etc.)

2) Planificar (definición del ciclo de trabajo, tiempos, seleccionar los requisitos a implementar, etc.)

3) Implementar (desarrollar, testear, refactorizar, etc.)

4) Lanzar (desplegar en producción o mostrar avances al cliente)

Y vuelta a empezar en el punto uno tantas veces como sea necesario y en ciclos de desarrollo relativamente cortos, del orden de semanas. Recomiendo profundizar en metodologías de desarrollo ágiles como Scrum.

Puede parecer que así se trabaja mucho más para producir lo mismo, sin embargo, el enfocar el desarrollo de software de este modo, aumenta la productividad y la aplicación se tragará cambios más fácilmente y será más mantenible, lo que se traduce en ahorro de tiempo y esfuerzo (igual a dinero).

En definitiva, se necesita que el software tenga un estructura flexible, mantenible y reutilizable.

La cuestión es cómo.

Ya hemos visto las prácticas de código limpio y de refactoring más relevantes, con las que insisto desde el comienzo de este trabajo que su objetivo no es crear un cuadro más bonito, sino precisamente todo lo que describo en los párrafos anteriores: código más mantenible (y legible), extendible, fácil de cambiar y de testear.

Nos falta una pieza fundamental que debe guiar el buen diseño de aplicaciones ágiles, y son los principios S.O.L.I.D.

Pero, un momento, ¿qué entendemos por diseño?

Hay cierta confusión en nuestro sector acerca de diseño y arquitectura y el uso de unas tecnologías u otras para un proyecto.

El diseño es un concepto abstracto, subjetivo, yo diría que incluso imposible de cuantificar en métricas: hace referencia a la estructura y forma de un programa en su conjunto, así como a la estructura y forma de cada módulo, clase y método y la relación entre todos ellos.

Un buen diseño se caracteriza no por lo que es sino por lo que permite: ¿acepta ser modificado y ampliado con facilidad y permite ser entendido modelando bien el universo funcional que resuelve? Si es así, entonces todo indica que el diseño no está mal.

Por su parte, la arquitectura nos permite definir cómo se relacionan diferentes entidades de la aplicación desde el punto de vista de su modularidad, escalabilidad, redundancia, distribución, rendimiento, seguridad, etc. La arquitectura define «modelos» dentro de los cuales existen los «diseños» específicos de cada módulo de software concreto. Existen diversos «patrones arquitecturales» en software, como arquitectura basada en eventos, en microservicios, «serverless», etc., que están fuera del objetivo de este libro.

A continuación nos centramos en los principios de diseño que nos acercan a conseguir los objetivos anteriores.

Principios S.O.L.I.D._

En esencia, son principios que facilitan crear un diseño ágil: más fácil de cambiar, de evolucionar y de testear. Junto con la Inversión de Control y la Inyección de Dependencias, constituyen herramientas fundamentales de un software mejor construido, que es lo que queremos, ¿no? Pero esto no lo buscamos por amor al arte, sino que es el único modo de rentabilizarlo al máximo. En ocasiones, esta rentabilidad llegará en forma de ahorro económico (y más beneficios para el negocio), en otras, en ahorro de tiempos y de esfuerzos y de pasar más tiempo añadiendo funcionalidad que corrigiendo errores.

Del mismo modo que aplicamos las técnicas de refactoring continuamente, conviene preguntarnos si los avances que hacemos en la aplicación siguen estos principios. Con el tiempo, llegará un momento en que los aplicaremos con naturalidad y hasta nos olvidaremos que «ese modo de hacer software» sigue en realidad estos principios. Si eres un programador experimentado, es posible que hayas intuido por ti mismo la bondad de algunos de estos principios aún sin saber que están bien documentados en la industria del software desde hace mucho tiempo.

S.O.L.I.D. es la sigla del título de cada principio que veremos a continuación.

A menudo veo proyectos, sin ir más lejos, muchos repositorios en GitHub, en los que es imposible discernir cómo se han implementado los principios de diseño más básicos en Ingeniería del Software, y no es que esté mal, claro, todo depende de la vida que vaya a tener ese proyecto.

Nunca me gusta señalar una aplicación como mala o mal hecha, los desarrolladores habrán hecho lo que han podido en las circunstancias que sean, pero de lo que hablamos aquí (por si no te habías dado cuenta), es de crear software profesional con el menor número de errores y fácilmente modificable. En este sentido, sí que hay aplicaciones mejores que otras o mejorables.

Los patrones de diseño también nos permiten mejorar el diseño de una aplicación. No hace falta que conozcamos al detalle todos y cada uno de ellos y que más o menos son conocidos y aceptados por la industria y muy bien explicados en libros clásicos de nuestro sector (como el de Erich Gamma), pero, desde luego, si lo que queremos es que nuestro proyecto pueda ser mejorado continuamente sin demasiada dificultad, entonces sí que hay que seguir unas mínimas normas de desarrollo.

Aquí es donde entran también los principios S.O.L.I.D.

Si tu proyecto tiene clases o funciones extraordinariamente largas del orden de cientos de líneas de código, si hay métodos con innumerables sentencias «if» o con muchos bloques anidados, se huele que se repiten funcionalidades similares implementadas en varios sitios, o hay métodos o funciones con muchos parámetros, entonces tu aplicación camina hacia una solución espagueti difícil de mantener y evolucionar.

Un momento, ¿he mencionado el concepto de patrón de diseño? Pero, ¿qué diferencia un principio de diseño de un patrón?

Mientras que un patrón es una solución técnica y clara a un problema particular, un principio es una guía que debe cumplir tu código a nivel de diseño. Los mejores frameworks de desarrollo son los que mejor cumplen con estos principios, y estoy pensando sin ir más lejos en Seneca (un framework que me gusta mucho para construir microservicios en NodeJS), Express, Vue, Reach, Symfony, etc.

A grandes rasgos, los principios S.O.L.I.D. permiten diseñar una aplicación de un modo que:

○ Tenga un alto grado de desacoplamiento entre sus partes funcionales.
○ Se pueda extender en funcionalidad con sencillez, sin grandes cambios en la aplicación.
○ Es testeable.
○ Mejora la reusabilidad del código.

Aunque su implementación es más natural en programación orientada a objetos, se pueden aplicar en lenguajes funcionales con algunas limitaciones (y algo de imaginación).

Por último, también hablaremos de otros dos principios tan útiles como imprescindibles, y que son la Inyección de Dependencias y la Inversión de Control.

Single Responsability Principle (SRP)_

El Principio de Responsabilidad Única, o SRP, viene a establecer lo siguiente:

○ Una clase se debe dedicar a resolver un único problema.

○ Si una clase tiene más de un motivo por el que puede cambiar, entonces es que no cumple este principio.

Esto es, una clase se debe dedicar a resolver un único problema y no se debe implementar en una misma clase funcionalidad que mezcle ámbitos de la aplicación diferentes.

Si se utiliza bien este principio, entonces se podrán generar clases más o menos pequeñas y, por tanto, más reutilizables y fáciles de modificar y de probar.

En el contexto de SRP, se entiende por «responsabilidad» como la «razón para cambiar», es decir, si en una clase existe más de un motivo por el que puede cambiar, entonces es que no se cumple este principio.

Por sencillez, veremos un ejemplo basándonos en una simple función que vamos a suponer que está en el contexto de una clase. En ella, se muestra un sencillo snippet de código por el que se inserta un registro en la tabla de usuarios (he simplificado lo suficiente como para mostrar cómo aplicar el principio y aplicarlo a una función):

```
var mysql = require('mysql');

function addUser( user, dbConfig ) {
   var dbConnection = mysql.createConnection(
      { host : dbConfig.dbHost,
        user : dbConfig.dbUser,
        password: dbConfig.dbPwd,
        database : dbConfig.dbName });

   var sqlQuery = "INSERT INTO users (mail, password, alias) VALUES " +
                $"({user.Mail}, ${user.Password}, ${user.Alias})";

   return dbConnection.query( sqlQuery );
};
```

De acuerdo, la función addUser() puede que funcione, pero está violando el principio SRP, porque se encarga de tres responsabilidades diferentes:

○ Crear la conexión con la base de datos.

○ Construir la consulta sql.

○ Ejecutar la consulta.

Si llenamos la aplicación de métodos así, ¿qué ocurrirá cuando tengamos que cambiar el modo de crear la conexión de la base de datos? ¿Y si la propiedad dbUser cambia de nombre? ¿Y si cambia la estructura de la tabla «users»? Entonces habría que recorrer toda la aplicación buscando los múltiples trozos de código que habría que modificar, una auténtica pesadilla.

Además, estamos dando pie a que cuando añadamos otra función de manipulación de la base de datos, repitamos en él la creación de la conexión de la base de datos, etc. O sea, que lo anterior nos deja poco margen para la reutilización y sin duda duplicaremos mucho código.

Una mejor aproximación y más alineada con SRP sería la siguiente:

```
var util = require('util');

var mysql = require('mysql');

function getDBConnection( dbConfig ) {
    return mysql.createConnection( { host : dbConfig.dbHost,
        user : dbConfig.dbUser,
        password: dbConfig.dbPwd,
        database : dbConfig.dbName });
}

function execQuery( sqlQuery, dbConfig ) {
    var dbConnection = getDBConnection( dbConfig );
    return dbConnection.query( sqlQuery );
}

function buildInsertQuery( entity, fields, values ) {
    return util.format( "INSERT INTO %d (%s) values [%s]",
                        entity,
                        fields.join(','),
                        values.join(',') );
}

function addUser( user, dbConfig ) {
    var sqlQuery = buildInsertQuery( 'users', ['mail', 'password', 'alias'],
        [user.Mail, user.Password, user.Alias] );

    return execQuery( sqlQuery, dbConfig ) }
}
```

Ahora existen funciones más pequeñas y desacopladas. Se puede pensar que ahora el código es mayor, pero:

○ La función addUser() es mucho más pequeña: en dos líneas inserta los datos del nuevo usuario en la base de datos. Deja a otras funciones la creación de la «fontanería» necesaria para ello.

○ Se han creado algunas funciones reutilizables, como buildInsertQuery(), getDBConnection() y execQuery(), que, en caso de tratarse de un proyecto real, serían fácilmente reutilizables sacándolos a sus clases respectivas.

○ Ahora este código es más fácil de probar en tests automatizados.

○ Desacoplamos más la solución de la infraestructura subyacente: si el proceso de creación de la conexión de la base de datos cambia, tan solo hay que modificar getDBConnection(), por poner un ejemplo, y de igual modo, si cambia la estructura de la tabla «users», solo hay que cambiar el método addUser().

Esto no es más que un ejemplo para mostrar SRP en acción en el contexto de una simple función, por supuesto, se echan en falta Inyección de Dependencias y muchas otras cosillas...

Open/Close Principle (OCP)_

Según este principio, una clase se debe diseñar de modo que sea fácilmente extendible sin modificar su funcionalidad actual. Fácil de describir, pero para implementarlo hace falta cierto grado de abstracción. Según la característica de la aplicación en la que se esté trabajando este principio se puede aplicar o no.

No niego que este principio sea algo sutil, pero si se entiende bien, en realidad lo que está indicando es que la entidad software debe abstraer al máximo el núcleo de la funcionalidad que implementa.

Lo que persigue conseguir OCP es extender la funcionalidad de una entidad software sin modificar su código, y para ello, como digo, hace falta cierta abstracción.

A continuación se muestra un ejemplo de cómo aplicar el principio OCP en C#.

Tratamos de implementar una clase que se encargue de «sanitizar» la entrada de un usuario a través de un campo de texto (quitar tags html, etc.)

Una primera aproximación sería lo siguiente:

```
class SanitizeInputUser
{
    public string stripHTML( string inputString )
    {
        string result = inputString;
```

```
        List<string> patternsToRemove = new List<string>() { "<h1.*?>", "", "<h2.*?>", ""
};

        foreach ( string pattern in patternsToRemove )
        {
          result = Regex.Replace(result, pattern, string.Empty);
        }

        return result;
    }
}
```

El código de ejemplo del cliente sería algo así:

```
SanitizeInputUser s = new SanitizeInputUser();

string str = "<h1 class='main-header'>";
str += "Sample header</h1>";
str += "<script>var foo = 'sample';</script>";

Console.WriteLine(s.stripHTML(str));
```

Sin embargo, esta clase, aún haciendo justo lo que queremos, viola el principio OCP, porque:

○ Si queremos agregar más filtros, tenemos que modificar la clase (OCP = abierto para la extensión, «cerrado» para los cambios).

○ Si en el futuro queremos agregar o extender un método de sanitizar la cadena algo más sofisticado, tendríamos que cambiar en profundidad el método stripHTML()

Una mejor implementación que seguiría el principio OCP sería la siguiente:

```
public interface ISanitizer
{
    string sanitize(string input);
}

public class SanitizerBasicHTags : ISanitizer
{
    public string sanitize(string input)
    {
        string result = input;
        List<string> patternsToRemove = new List<string>()
                        { "<h1.*?>", "</h1>;", "<h2.*?>", "</h2>" };

        foreach (string pattern in patternsToRemove)
        {
            result = Regex.Replace(result, pattern, string.Empty);
        }

        return result;
    }
}
```

```
public class SanitizeScriptTags : ISanitizer
{
    public string sanitize(string input)
    {
        string result = input;
        string pattern = "<script.*?>*</script>";

        return( Regex.Replace(result, pattern, string.Empty) );
    }
}
public class SanitizeInputUser
{
    List<ISanitizer> _sanitizers;

    public SanitizeInputUser(List<ISanitizer> sanitizers)
    {
        _sanitizers = sanitizers;
    }

    public string SanitizeString( string input )
    {
        string result = input;

        foreach (ISanitizer iSanitizer in _sanitizers )
        {
            result = iSanitizer.sanitize(result);
        }

        return result;
    }
}
```

De este modo, el código cliente sería algo así:

```
List<ISanitizer> sanitizers = new List<ISanitize>() {
    new SanitizerBasicHTags(),
    new SanitizeScriptTags() };

string str = "<h1 class='main-header'>";
str += "Sample header</h1>";
str += "<script>var foo = 'sample';</script>";

SanitizeInputUser siu = new SanitizeInputUser(sanitizers);

Console.WriteLine(siu.SanitizeString(str));
```

Escribimos más código, eso es cierto, pero hemos implementado un buen diseño en una clase que recibe un número indeterminado de «sanitizadores» y si mañana los requisitos de nuestra aplicación cambian en ese aspecto, podemos añadir nuevos sin modificar SanitizeInputUser.

Además, con esta nueva implementación, también cumplimos el principio ISP (Interface Segregation Principle) así como DIP (Dependency Inversion Principle), que veremos a continuación.

No hay que obviar que con esta nueva implementación conseguimos una estructura de la aplicación más granular que permitirá hacer tests con más facilidad.

¿Se entiende ahora por qué al comienzo se decía que para aplicar este principio hace falta cierta abstracción?

Liskov Substitution Principle_

Este es quizá el principio más sutil y no trivial de entender, pero igualmente importante. Con LSP lo que se pretende es asegurarnos de que se implementa correctamente la herencia entre clases.

Entendemos como clase hija, extendida o subclase, aquella que deriva de otra.

La definición es un tanto académica, de modo que haré una descripción más sencilla; lo que viene a decir LSP es que si un programa utiliza una clase, entonces deberá seguir siendo válido (= funcionará bien) si se la sustituye por una nueva clase que derive de ella. Si un programa utiliza la clase P, y en su lugar sustituimos P por O (donde O deriva de P), entonces, el programa deberá seguir funcionando correctamente.

Como todo buen principio, las consecuencias de seguirlo son relevantes.

La definición que da la autora de (Bárbara Kiskov) es la siguiente: si o1 es un objeto de tipo S, y o2 es un objeto de tipo T, si el comportamiento de un programa (función, método, etc.) basado en objetos T, usando o1 y o2 no cambia, entonces necesariamente S es un subtipo de T.

Puff..., en realidad está indicando cómo hay que implementar correctamente la herencia entre clases.

Sencillo de decir, no tan obvio de saber implementar, aunque con este principio nos garantizamos que la herencia se hace bien y además las clases base (padre) y sus derivadas (hijas) son más fácilmente testeables.

LSP está muy relacionado con el principio OCP, ya que establece también que una clase hija debe extender el comportamiento de la padre, no modificarlo, obligando a implementar en la clase padre aquella funcionalidad común que necesitan todas las subclases.

Para implementar LSP hace falta un grado alto de abstracción del problema que pretendemos resolver; si se rompe este principio en nuestro diseño, entonces es que no se está abstrayendo lo suficientemente bien.

Por último, una forma de forzar a que se cumpla este principio es usar «diseño por contratos», en el que se especifican interfaces y las clases base las implementan.

A continuación se muestra un sencillo ejemplo en C# del principio LSP. Se pretende implementar una pequeña jerarquía de clases para guardar mensajes de log bien en un fichero de texto bien en una base de datos.

En una primera aproximación, podríamos pensar en algo así:

```csharp
public class BasicMessage
{
    string msg;
    DateTime dateTime;

    public string Msg
    {
        set {
            msg = value;
            dateTime = DateTime.Now;
        }
        get { return msg; }
    }

    public string FormatMessage()
    {
        return $"Set time at: {dateTime} - Message: {msg}";
    }
}

class TextLogMessage : BasicMessage
{
    public void WriteMessageToLog()
    {
        //...
    }
}

class DataBaseLogMessage : BasicMessage
{
    public void WriteMessageToDataBase()
    {
        //...
    }
}
```

De este modo, si tenemos una función que quiera escribir los mensajes iniciales al comenzar la ejecución de la aplicación al fichero de texto, tendría el siguiente prototipo:

```csharp
void writeInitialLogs( TextLogMessage msg )
{
    log.Msg = "Application up&running";
    log.WriteMessageToLog();
}
```

Y si se quisiera guardar en su lugar los mensajes en la base de datos, la función debería ser así:

```
void writeInitialLogs( DataBaseLogMessage msg )
{
    log.Msg = "Application up&running";
    log.WriteMessageToDataBase();
}
```

Pero…, esta jerarquía de ejemplo viola LSP, porque en nuestro código cliente (la función writeInitialLogs), no se puede usar indistintamente como parámetro TextLogMessage o DataBaseLogMessage, que son las clases hijas de BasicMessage. De este modo estamos implementando las writeInitialLogs() con rigidez, ligado a una solución concreta en la forma de guardar el mensaje de log.

Una versión correcta de esta jerarquía que cumpliría LSP sería la siguiente:

```
public class BasicMessage
{
    String msg;
    DateTime dateTime;

    public string Msg
    {
        set
        {
            msg = value;
            dateTime = DateTime.Now;
        }
        get { return _msg; }
    }

    public string FormatMessage()
    {
        return $"Set time at: {dateTime} - Message: {msg}";
    }

    public virtual void WriteMessage() { ... }
}

class TextLogMessage : BasicMessage
{
    public override void WriteMessage() { ... }
}

class DataBaseLogMessage : BasicMessage
{
    public override void WriteMessage() { ... }
}
```

De este modo, la función writeInitialLogs() se podría reescribir como

```
void writeInitialLogs( BasicMessage msg )
{
    log.Msg = "Application up&running";
```

```
    log.WriteMessage();
}
```

Y se invocaría como

```
writeInitialLogs( new TextLogMessage() );
```

O bien

```
writeInitialLogs( new DataBaseLogMessage() );
```

De este modo:

○ La función writeInitialLogs() queda desacoplada de una implementación concreta de BasicMessage.

○ Se cumple el principio LSP ya que writeInitialLogs() puede usar indistintamente todas las clases hijas de BasicMessage y su funcionamiento será válido.

○ Se cumple además OCP, ya que hemos diseñado BasicMessage abierto para la extensión pero cerrada a las modificaciones.

○ Lo dejamos todo listo y preparado para el principio de Inyección de Dependencias, ya que la instancia del objeto que recibe writeInitialLogs() como parámetro se puede establecer como un mecanismo general a la aplicación.

Interface Segregation Principle (ISP)_

Este principio pretende evitar la creación de interfaces extensas con métodos que no tienen nada que ver unos con otros (que no son «afines»), de modo que una clase que derive de ellas tenga que dejar sin implementar algunos de esos métodos porque no los necesita.

Con ISP, lo que se sugiere es dividir esta interfaz (denominada como «fat interface») en interfaces más pequeñas y coherentes, de modo que las clases que deriven de ellas lo hagan porque necesitan todos y cada uno de sus métodos.

La consecuencia de este principio es que necesariamente las interfaces que se definen en el proyecto tienen un alto grado de abstracción y de granularidad (y las clases que las implementas tendrán mayor cohesión).

A continuación se muestra un ejemplo del principio de segregación de interfaces. Suponemos una aplicación ficticia que debe enviar correos electrónicos o mensajes de texto. En una primera aproximación, podríamos pensar en algo así:

```
interface IMessageSender
{
    void sendToMail(string mail, string subject, string body);
    void sendSMS(string recipient, string message);
}

class MailMessageSender : IMessageSender
{
    public void sendSMS(SMSMessageDTO info)
    {
        /* No implementado */
    }

    public void sendSMS(MailMessageDTO info)
    {
        // Enviar correo
    }
}
```

De tal forma que el cliente utilizaría MailMessageSender para enviar un correo electrónico sería algo así:

```
void sendCustomMail( MailInfoDTO info )
{
    IMessageSender ms = new MailMessageSender();

    ms.sendToMail(info.mail, info.subject, info.body);
}
```

Con esta implementación, aunque funcione, estamos violando el principio ISP, ya que MailMessageSender está usando la interfaz ISendMessage pero sólo está implementado uno de sus dos métodos. Lo correcto y evidente en este ejemplo de juguete, sería crear una interfaz específica:

```
interface IMailMessageSender
{
    void sendToMail(string mail, string subject, string body);
}

interface ISMSMessageSender
{
    void sendSMS(string recipient, string message);
}

class MailMessageSender : IMailMessageSender
{
    public void sendToMail(string mail, string subject, string body)
    {
        // Enviar correo
    }
}
```

```
class SMSMessageSender : ISMSMessageSender
{
    public void sendSMS(string recipient, string message)
    {
        // Enviar mensaje
    }
}
```

De este modo, cada interfaz define la funcionalidad exacta de su propósito y las clases que derivan de ellas implementan exactamente lo que necesitan, generando clases pequeñas, acotadas y, por tanto, más testeables, aunque la distinción de usar una u otra interfaz esté en el cliente.

Por último, siguiendo con el ejemplo, estamos haciendo sendCustomMail() dependiente de una implementación concreta de IMailSendMessage, mejor «inyectar» esa dependencia como parámetro (o indicarla en el constructor):

```
void sendCustomMail( MailInfoDTO info, IMailMessageSender ms )
{
    ms.sendToMail(info.mail, info.subject, info.body);
}
```

O bien de este otro modo utilizando una factoría de clases:

```
void sendCustomMail( MailInfoDTO info )
{
    IMailMessageSender ms = _factory.getInstance();

    ms.sendToMail(info.mail, info.subject, info.body);
}
```

En ocasiones, con los ejemplos ilustrativos se pierde un poco la perspectiva de cómo aplicar estos principios en un proyecto real. A continuación extraigo una muestra de un sistema en explotación en donde se ve claramente que se cumple el principio ISP en la implementación de un gestor particular de tareas escrito en C#:

```
class GatewayOrderRequestB11Task : ITask,

    ITaskInitialize,
    ITaskPerform,
    ITaskProcess,
    ITaskFinish,
    ITaskPool
{
    ...
}
```

Cada interfaz no llega a tener más de doce métodos diferentes.

Dependency Inversion Principle (DIP)_

Este principo es, quizá, el más popular de todos y el más fácil de implementar y en ocasiones se le confunde con la DI.

Lo que viene a decir es que nuestro código (en un módulo, una clase, etc.) debe depender de abstracciones, no de instancias concretas de las mismas, o lo que es lo mismo: los módulos de alto nivel no deben depender de módulos de bajo nivel, sino de abstracciones.

Entendemos por «abstracción» la definición que debe implementar una clase concreta, lo que viene a ser lo mismo que clases abstractas e interfaces en OOP.

Con DIP conseguimos que el código esté más desacoplado y que las unidades de funcionalidad sean más pequeñas (y, por tanto, reutilizables y testeables).

Vemos en el siguiente ejemplo (una clase simple que notifica mensajes de log y los guarda en una base de datos), que el módulo de alto nivel (AppPoolWatcher) depende de otro de bajo nivel (EventLogWriterToDB):

```
class EventLogWriterToDB
{
    public EventLogWriterToDB( string dbConnection ) { ... }
    public void Write( string message ) { ... }
}

class AppPoolWatcher
{
    EventLogWriterToDB writer = null;

    public void Notify( string message )
    {
        if ( writer == null )
        {
            writer = new EventLogWriterToDB( "<db connection string>");
        }

        writer.Write( message );
    }
}
```

DIP viene a decir que el módulo de alto nivel (AppPoolWatcher en el ejemplo) debe depender de abstracciones, no de detalles concretos de módulos de bajo nivel (EventLogWriterToDB); por tanto, apliquemos la siguiente mejora en el código:

```
interface IEventLogger
{
    void Write( string message );
}

class EventLogWriterToDB : IEventLogger
{
    public EventLogWriterToDB( string dbConnection ) { ... }
```

```
    public void Write( string message ) { ... }
}

class EvnetLogWriterToFile : IEventLogger
{
    public EventLogWriterToFile( string fileName ) { ... }
    public void Write( string message ) { ... }
}

class AppPoolWatcher
{
    IEventLogger eventLogger;

    public AppPoolWatcher( IEventLogger eventLogger )
    {
        this.eventLogger = eventLogger;
    }

    public void Notify( string message )
    {
        eventLogger.Write( message );
    }
}
```

Vemos que hemos incluido una abstracción (IEventLogger), y que AppPoolWatcher ya no depende de detalles concretos de una clase, sino de la abstracción introducida por la nueva interfaz. Además, esto nos permite disponer de diferentes implementaciones de IEventLogger (como EventLogWriterToFile) que, al ser instanciadas y pasadas a AppPoolWatcher, cambiará su comportamiento pero continuará funcionando.

Se puede ver que los principios S.O.L.I.D. terminan entrelazándose de algún modo, ya que al recibir la instancia de IEventLogger en el constructor, aplicamos DIP pero también Inyección de Dependencias, que es lo que vamos a ver en la siguiente sección.

Dependency Inyection (DI)_

En mi opinión, la Inyección de Dependencias es una de las prácticas que más favorecen la creación de software mantenible y extensible, ya que lo que persigue es desacoplar más unas entidades de código de otras de las que depende.

La Inyección de Dependencias viene a decir que una clase no debe tener la responsabilidad de crear ella misma las instancias de otras clases que necesita para funcionar, sino que «algo» debe dárselas ya creadas, configuradas e inicializadas (de ahí lo de inyección).

En este punto de libro, ya debe ser evidente que lo que pasamos a esa clase no son instancias directas de objetos de otras clases, sino abstracciones mediante interfaces o clases abstractas.

Para ello, existen tres formas de inyectar las dependencias en una clase:

○ Directamente en el constructor.

○ A través de una propiedad.

○ Mediante una factoría de clases.

Veamos el siguiente ejemplo:

```
class Mailer
{
    public void SendCustomMail( MailInfoDTO info, AppConfig config )
    {
        MailSender mailSender = new MailSender( config.SMTP,
                                                config.MailUser,
                                                config.MailPassword );
        CheckDestination( info.To );
        var body = Sanitize( info.Body );
        var subject = Sanitize( info.Subject );

        mailSender.Send( info.To, $"{config.AppName}:{subject}", body );
    }
}
```

Mmm... La clase Mailer está muy acoplada a MailSender y AppConfig, y, además, tiene que crear la instancia de MailSender ella misma, que es lo que intenta evitar la Inyección de Dependencias y no por casualidad, ya que de ese modo, probar SendCustomMail es más complicado.

Una versión algo mejor de la clase sería la siguiente:

```
class Mailer
{
    IAppConfig _appConfig;

    public SendCustomMail( IAppConfig config )
    {
        _appConfig = config;
    }

    public void SendCustomMail( MailInfoDTO info )
    {
        MailSender mailSender = new MailSender( _appConfig.SMTP,
                                                _appConfig.MailUser,
                                                _appConfig.MailPassword );
        CheckDestination( info.To );
        var body = Sanitize( info.Body );
        var subject = Sanitize( info.Subject );

        mailSender.Send( info.To, $"{_appConfig.AppName}:{subject}", body );
    }
}
```

En esta versión, hemos abstraído AppConfig mediante la interfaz IAppConfig, que se pasa en el constructor. Ya tenemos a Mailer algo más independiente, pero sigue estando muy acoplada a MailSender. Demos un paso más en la siguiente versión:

```
class Mailer
{
    IAppConfig _appConfig;
    IMailer _mailer;

    public SendCustomMail( IAppConfig config, IMailer mailer )
    {
        _appConfig = config;
        _mailer = mailer;
    }

    public void SendCustomMail( MailInfoDTO info )
    {
        CheckDestination( info.To );
        var body = Sanitize( info.Body );
        var subject = Sanitize( info.Subject );

        _mailer.Send( info.To, $"{_appConfig.AppName}:{subject}", body );
    }
}
```

Esto ya está mejor: la clase Mailer ya no depende de instancias concretas de otros objetos, sino de abstracciones (IAppConfig, IMailer), aplicándose el principio de Inversión de Control que vimos anteriormente, y, además, no se encarga de crear sus instancias, ya que les son inyectadas en el constructor. En esta versión, el código queda más limpio y es más fácil de testear. Podemos dar una última vuelta de tuerca utilizando una factoría de clases:

```
class Mailer
{
    public void SendCustomMail( MailInfoDTO info )
    {
        IAppConfig appConfig = AppFactory.GetInstance<IAppConfig>();
        IMailer mailer = AppFactory.GetInstance<IMailer>(appConfig);

        CheckDestination( info.To );
        var body = Sanitize( info.Body );
        var subject = Sanitize( info.Subject );

        _mailer.Send( info.To, $"{appConfig.AppName}:{subject}", body );
    }
}
```

En este caso, existe en la aplicación una utilidad que crea instancias a partir de la interfaz que se indique: esto es tremendamente útil ya que nos permite configurar

AppFactory con diferentes implementaciones de IMailer para realizar tests o según el entorno en el que se encuentre. Y, por último, para que SendCustomMail contenga solo al funcionalidad que debe implementar (enviar un mail...), podemos pasar la obtención de las instancias al mismo constructor:

```
class Mailer
{
    IAppConfig _appConfig;
    IMailer _mailer;

    private Mailer()
    {
        _appConfig = AppFactory.GetInstance<IAppConfig>();
        _mailer = AppFactory.GetInstance<IMailer>(_appConfig);
    }

    public void SendCustomMail( MailInfoDTO info )
    {
        CheckDestination( info.To );
        var body = Sanitize( info.Body );
        var subject = Sanitize( info.Subject );

        _mailer.Send( info.To, $"{_appConfig.AppName}:{subject}", body );
    }
}
```

Nada que ver esta versión de la clase Mailer con la inicial. Obsérvese que el constructor es privado, de modo que ningún cliente puede escribir Mailer mailer = new Mailer(), evitando así que se pueda introducir este error y hacer perder unos valiosos segundos al desarrollador hasta que el compilador proteste.

Inversión de Control (IoC)_

Este libro está centrado en las prácticas y técnicas más habituales para mejorar el diseño de una aplicación software, no entra en detalles de arquitecturas. Sin embargo, la Inversión de Control es un concepto para mí muy importante que debería ser conocido por cualquiera que realice aplicaciones de cierta complejidad.

Sin ninguna duda, en un sistema «grande» (del orden de cientos de miles de líneas de código), una arquitectura adecuada es imprescindible.

Un poco de historia: en los inicios de la programación, las aplicaciones eran más simples, se contaba con menos recursos de computación y, además, aún la Ingeniería del Software no era una especialización en sí misma y el software no era tan ubicuo como es hoy en día; en esos primeros años, la tendencia natural de los programadores (que solían ser matemáticos o físicos) era crear una aplicación muy monolítica, con pocas abstracciones; en ellas, el mismo programador era el que controlaba el flujo de ejecución de la aplicación: primero esto, después aquello, y si esto ocurre, entonces esto otro. De modo natural, se trataba de reflejar el modo secuencial de pensamiento a las instrucciones del programa.

Este esquema simple y monolítico (que me temo que sigo viendo en algunos proyectos aparentemente profesionales), no funciona cuando el sistema crece y la complejidad en funcionalidad y tamaño del proyecto se dispara. Ya no hablemos de construir algo que deba aceptar cambios y mejoras continuamente.

La Inversión de Control hace que el flujo de ejecución de la aplicación (o de partes de ella) se delegue en una entidad aparte e independiente: una librería, un framework u otro proyecto software que es el encargado de crear el marco de trabajo del sistema. De este modo, la funcionalidad queda más desacoplada e independiente de todo lo demás, consiguiendo así organizar proyectos más complejos y permitiendo aumentar la funcionalidad con menor coste.

Vemos IoC en los mecanismos de plugins y extensiones de los navegadores, en frameworks como Spring o, sin ir más lejos, Thunder, uno de los proyectos de la compañía en la cual dirijo la ejecución de proyectos software.

He aplicado Inversión de Control en dos de los proyectos más importantes que he participado en los últimos años.

En la Plataforma de Telegestión IRIS, existe el concepto de «tarea»: se aumenta la funcionalidad de la plataforma desarrollando nuevas tareas que se integran en el framework de gestión de las mismas en IRIS.

A continuación se muestra una de ellas:

```
public class MetersConnectivityStatusExtensionTask :
        ITask,
        ITaskInitialize,
        ITaskPerform,
        ITaskProcess,
        ITaskComplete,
        ITaskFinish,
        ITaskPool,
        ITaskExtension,
        ITaskSystemReport
{
  private static ILog logger = log4net.LogManager.GetLogger();

  #region ITask implementation
  public string Description
  {
    get { ... }
```

```
    }

    public void init(TaskContext ctx) { ... }

    public Type dataType() { ... }

    public string resultType() { ... }
    #endregion

    #region ITaskPool implementation
    public string PoolName(int taskId) { ... }

    public PoolType PoolType
    {
        get { ... }
    }

    public TaskPriority Priority
    {
        get { ... }
    }

    public string TypeId
    {
        get { ... }
    }
    #endregion

    #region ITaskSystemReport implementation
    ...
    #endregion

    #region ITaskInitialize implementation
    ...
    #endregion

    ...
}
```

Del mismo modo, en Picly, introduje el concepto de plugin de manipulación de una imagen, en un mecanismo también basado en IoC. Cada componente que hace algo no conoce cuándo lo va a hacer, de eso se encarga el gestor de componentes de transformaciones de imágenes. Aquí hay un componente real realizado en Picly:

```
var gm = require("gm");

module.exports = {};
module.exports.picly = {};

module.exports.picly.info = function() {
    return {
        name: "blur",
        description: "Picly module for appling blur effect",
        params: [
            { name: "r", description: "Radius value for blurring the image", type:
```

```
"integer" },
        { name: "s", description: "Sigma value for blurring the image", type: "integer"
}
    ],
    sampleO: "examples/blur_original.jpg",
    sampleM: "examples/blur_mod.jpg",
    example: "r(5),s(5)"
  }
}

module.exports.picly.perform = function(params) {
   return new Promise((res, rej) => {
     gm(params.sourceEntity)
       .blur(params.r, params.s)
       .write(params.destEntity, function(err) {
          if (err) { rej(err); } else {
             res();
          }
       });
   })
}
```

El método perform() del componente es llamado cuando hace falta, de ahí lo del nombre de Inversión de Control. Con este enfoque, es evidente que desarrollar componentes, módulos, plugins o extensiones de esta forma, hace que sea mucho más fácil hacer crecer un sistema y, por supuesto, poder probar con tests automatizados cada uno de sus elementos independientes.

Testing_

Todas las técnicas de código limpio, refactoring y buenas prácticas y principios de diseño, conducen al objetivo que ya conocemos: conseguir un código mantenible con mejor diseño y más fácil de cambiar. También hemos mencionado que el código bajo un enfoque ágil avanza a pequeños pasos con mejoras continuas y aumentos de funcionalidad incrementales. Por tanto, nuestro código no solo crece al añadir funcionalidad, también sufre cambios al mejorarlo constantemente, y, por todas esas razones, es necesario tener un mecanismo automático que nos permita asegurar que evolucionamos y mejoramos la aplicación y que ésta sigue funcionando, de ahí la necesidad de disponer de tests y de una buena política de testing en nuestro proyecto software.

El testing es un campo muy amplio, de modo que en este trabajo voy a hacer una introducción a esta área y, sobre todo, te voy a convencer de que no puedes dormir tranquilo sin realizar o exigir testing en tu proyecto software, de que para un profesional es una aberración no realizar tests y de que, en realidad, hacer pruebas te permite desarrollar a mayor velocidad. Es un territorio tan vasto, que incluso existen compañías especializadas en la implantación de una política de testing en los proyectos y otras que ofrecen formaciones específicas.

Lamentablemente, la cultura del testing no está tan extendida como debería y muchos programadores no se involucran en ella por pura pereza (o desconocimiento), o por no querer cambiar el modo en que llevan trabajando toda la vida, aún siendo mejorable.

Un software no es profesional si no está suficientemente respaldado por un conjunto de tests de calidad. No hay más.

No obstante, que existan tests en una aplicación es necesario pero no suficiente, todo dependerá también de la calidad de éstos y si cubren suficientemente las partes más importantes de la misma.

El testing es un proceso que, bien realizado, garantiza la calidad de un producto software con ausencia de errores, en la medida de lo posible, ya que:

○ Las pruebas muestran la presencia de defectos, pero no pueden garantizar al 100% un software libre de ellos.

○ Las pruebas exhaustivas no son posibles (el coste es muy alto), aunque en algunos entornos críticos (defensa, sector aeroespacial, etc), se exigen mediante certificaciones específicas.

La realización de tests no es algo que se hace en cualquier momento, o peor aún, se deja para el final: de ningún modo, forma parte del trabajo de desarrollo y está intrínsecamente vinculado al trabajo de codificación. Es decir, se comienzan a realizar tests desde el minuto uno, e incluso se plantean antes junto con el desarrollo de los requisitos (pruebas de aceptación, de validación, etc.).

Existe lo que se llama «la falacia de la ausencia de errores»: todo software contiene errores aún no descubiertos, aunque nunca den la cara, forma parte de la naturaleza misma del software. La cuestión es que no sean críticos y que no ocurran cuando el software se está ejecutando en producción, y, si lo hacen, que el mismo software sea resiliente y esté diseñado para una recuperación no desastrosa a un coste aceptable para el negocio. Todos los procesos o flujos de trabajo que realizan los clientes finales, tienen que estar suficientemente probados.

El testing no es responsabilidad exclusiva de los desarrolladores: todos los miembros relacionados con el proyecto están involucrados de una manera u otra en el testing:

○ Los responsables: deben dotar de los medios necesarios para la creación de tests y exigir su presencia.

○ Los desarrolladores, claro está: son los encargados en última instancia de crear software de calidad.

○ Los testers y el equipo de calidad, si es que existen.

○ El mismo cliente final: debe exigir esta característica del producto que contrata y, cuando menos, un catálogo de pruebas de aceptación que él mismo pueda validar y exigir su cumplimiento por parte de la compañía proveedora.

De acuerdo, sí, esto en el mundo ideal, pero nuestro trabajo es aproximarnos lo máximo posible a ese escenario con los recursos que tenemos a nuestro alcance.

Hacer testing sobre un producto software no es solo cubrir con tests el código, también hay otros ámbitos sobre los que conviene preguntarse, como:

- ¿Hace más cosas de las que debe hacer?
- ¿Es fácil usar nuestro software? Esto es, la usabilidad también se puede probar.
- ¿Es fiable?
- ¿Consume muchos recursos nuestro software?
- ¿Sigue funcionando al cambiar el entorno?
- ¿Es sencillo y barato de mantener?
- ¿Degenera con el tiempo en funcionamiento?

Veamos con algo más de detalle estas consideraciones.

#1 Usabilidad

La usabilidad hace referencia a las siguientes cuestiones:

- ¿Se entiende la aplicación?
- ¿Es fácil de aprender?
- ¿Es fácil de operar con ella?
- ¿Es suficientemente atractiva?
- ¿Cumple la aplicación los aspectos normativos del negocio?
- ¿Cumple con la identidad corporativa?

No basta con que nuestro producto funcione según las expectativas del cliente, existen aspectos como estos que también hay que exigir y también se pueden probar.

#2 Fiabilidad

Un software no solo debe funcionar bien sino que además debe garantizar que se ejecuta de forma robusta, asegurando:

- Que no hay fallos internos (esto se puede cubrir con tests automatizados, lo veremos más adelante).

○ El software es tolerante a fallos. En caso de fallo inesperado, debe recuperarse y continuar funcionando, aunque indique la naturaleza del error de algún modo. Estos fallos los puede provocar el mismo usuario.

○ Se recupera ante fallos inesperados. ¿Qué ocurre si falla un disco o falla la conexión a Internet? ¿Y si falla el servicio de una API Rest externa de la que depende? El sistema debe continuar en la medida de lo posible, pero sin caerse.

○ Muestra o guarda información suficiente ante fallos inesperados, esto es de vital importancia para poder aprender a hacer el sistema aún más robusto.

#3 Eficiencia

Nuestra aplicación puede ser muy buena, incluso no fallar en nada, pero si no responde en tiempos adecuados y necesarios para el cliente, entonces sigue siendo deficiente. La eficiencia de un producto software también es susceptible de ser probada, comprobando:

○ Los recursos que utiliza, especialmente ante avalanchas inesperadas de cargas de trabajo (cientos de usuarios concurrentes, llegada masiva de datos, etc.).

○ El tiempo de respuesta en la operaciones más pesadas.

○ Degradación: ¿se degrada el rendimiento a medida que lleva tiempo ejecutándose o a medida que los repositorios de datos crecen o el número de usuarios aumenta significativamente?

#4 Portabilidad

Nada peor para un equipo de desarrollo aquello de que «en mi máquina funciona». Hay que garantizar que nuestro producto software funciona correctamente en los entornos en los que va a ser desplegado, de modo que los tests no solo deben pasar en los equipos de desarrollo o el servidor de testing de que dispongamos, sino que, además, hay que ejecutar todos los tests en los distintos entornos de ejecución posibles, al menos los tests de más alto nivel.

La portabilidad también hace referencia a los siguientes aspectos:

○ La aplicación es adaptable fácilmente (sencillez de configuración y parametrización).

○ Es fácil migrarla e instalarla en otro entorno, esto es, tiene poca dependencia de ciertos entornos.

○ Coexiste bien con otras aplicaciones con las que puede convivir en los mismos servidores o entornos de despliegue.

Afortunadamente, las tecnologías de «contenerización» como Docker, Kubernetes, etc, están permitiendo reducir al máximo el problema de la portabilidad. La tendencia es no programar aplicaciones con una fuerte dependencia de máquinas locales o virtuales, sino que usar servicios de despliegue y entornos administrados basados en la nube y en contenedores.

Como vemos, el testing es una disciplina en sí misma y suficientemente extensa como para que haya desarrolladores especializados en esta área.

Por otra parte, la realización de tests en el proyecto es una forma de documentar el mismo, su uso y su funcionamiento. ¿Qué mejor forma de ver un ejemplo de cómo usar una clase o un módulo que analizando y leyendo los tests que se realizan sobre él? De modo que invertir tiempo en la realización de tests, servirá también para que cuando se integre un nuevo miembro en el equipo, le resulte más fácil y rápido comprender el proyecto.

Hemos visto que nombrar correctamente los elementos en software es todo un arte y que tiene mucha importancia para mejorar la legibilidad y la comprensión del código. El realizar tests no puede ignorar esta regla, de modo que los nombres de las pruebas deben indicar lo mejor posible su propósito, evitando la utilización de comentarios innecesarios.

La existencia de tests en un proyecto software obliga en ocasiones a desarrollar algunos métodos o clases de ayuda para ellos, como por ejemplo, utilidades propias para crear registros aleatorios en una base de datos, o vaciar completamente una instancia de Redis, o levantar una API de tests, etc.

Por último, cada entorno de desarrollo cuenta con sus propios frameworks para la ejecución de tests y librerías propias para la validación de los mismos, como por ejemplo Mocha para Javascript (tanto en NodeJS como en el navegador) y la librería Chai para las afirmaciones («assertions»), NUnit para .NET, etc. De hecho, existen cientos de librerías y frameworks para cubrir este aspecto de la Ingeniería del Software.

Existen dos tipos de técnicas de testing: estáticas y dinámicas. Para las primeras, el código no se ejecuta, en las segundas sí. Para las técnicas dinámicas, hay dos tipos básicos de pruebas: las de caja negra y las de caja blanca.

Pruebas de caja negra

En este tipo de pruebas, solo nos interesa cómo se usa un módulo, componente o librería y si éstos responden correctamente y según lo esperado. No se entra en las tripas internas de la implementación. La mayoría de las pruebas que se puede permitir realizar un equipo de desarrollo son de este tipo. Se prueban los métodos en los diferentes casos de uso a través de los parámetros.

Para ello, las pruebas de caja negra se dividen en varios tipos:

○ De clases de equivalencia, en donde se divide el espectro de nuestros parámetros en grupos funcionales.
○ De valores límites: se prueba el comportamiento correcto del método indicando en los parámetros los valores límite, ya que es fuente frecuente de errores.
○ De estado: si el software a probar depende de un estado exterior.

Pruebas de caja blanca

En este tipo de pruebas se entra al detalle de cómo se ejecuta el código de un método y se busca implementar pruebas que fuercen a pasar por todas y cada una de las líneas de código, por tanto, son pruebas «caras» de realizar. Se distinguen varios tipos:

○ Cobertura de sentencias: se fuerza a probar todas las líneas de código.
○ Cobertura de ramas o decisiones: se pruebas todas las ramas de cada «if» y todos los casos de un «switch».
○ Cobertura de caminos: cuando el método es más complejo y tiene diferentes caminos de ejecución, se fuerza a probar todos los caminos posibles.

Las pruebas de caja blanca son mucho más costosas de realizar, ya que implica analizar el código interno del método con el inconveniente de que si éste cambia con el tiempo, invalidará muchos de los tests, de ahí que las pruebas de caja negra sean las que más se utilicen.

Este es el tipo de pruebas de caja negra más popular y que debe existir en todo proyecto mínimamente profesional que se considere como tal. Un test unitario comprueba el correcto funcionamiento de una unidad de código, pero para ello, debe cumplir:

○ Es automatizable, esto es, se debe poder ejecutar fácilmente sin dependencias externas pesadas (como que haya servicios activos, que esté una base de datos con cierta configuración y datos, etc.).

○ Son completas: deben cubrir la mayor parte del código.

○ Son pruebas repetibles: se pueden ejecutar tantas veces como sea necesario.

○ Son lo más independientes posible: por su sencillez, no necesitan montar ninguna infraestructura importante para su ejecución.

○ Son rápidas de ejecutar.

Cada método público de una clase debe estar cubierto con una o más pruebas unitarias, y cada una de ellas debe cubrir un aspecto diferente del método; no solo hay que realizar tests sobre los casos en los que la librería a probar funciona bien, sino que también hay que comprobar que devuelve los errores adecuadamente en casos de error.

Veamos algunos ejemplos de pruebas unitarias de proyectos reales extraídos de algunos de mis proyectos más recientes.

En el siguiente ejemplo, se comprueba que DeviceMACFormatter convierte correctamente direcciones MAC «sin puntos dobles».

```
[TestMethod]
public void MACUnformattedToMACFormattedTest()
{
    string MAC = "404022118A1D";
    string MACFormatted;

    MACFormatted = DeviceMACFormatter.Format(MAC);

    Assert.AreNotEqual(MAC, MACFormatted);
    Assert.AreEqual(MACFormatted, "40:40:22:11:8A:1D");
}
```

En el próximo test unitario, se comprueba que la librería interpreta bien expresiones recurrentes tipo «cron»:

```
[TestMethod]
public void UnixCronExpressionToQuartzCronExpressionTest()
{
```

```
    string unix = "* * * * *";
    string quartz = CronUtilities.UnixCronExpressionToQuartzCronExpression(unix);

    DateTime nextUnixDate = CrontabSchedule.Parse(unix).GetNextOccurrence(DateTime.Now);

    CronExpression cron = new CronExpression(quartz);
    DateTime nextQuartzDate = cron.GetNextValidTimeAfter(DateTime.Now)
                                  .Value.DateTime.ToLocalTime();

    Assert.AreEqual(quartz, "0 * * * * ? *");
    Assert.IsFalse(CronExpression.IsValidExpression(unix));
    Assert.IsTrue(CronExpression.IsValidExpression(quartz));
    Assert.AreEqual(nextUnixDate, nextQuartzDate);
}
```

A continuación, un simple test que comprueba que WebServer.CreateServer() lanza una excepción cuando se intenta instanciar con un nombre de protocolo erróneo. Véase cómo el lanzar la excepción se considera una prueba de éxito.

```
[TestMethod]
public void badProtocol()
{
    try
    {
        IZigmaWebServer i = WebServer.CreateServer("badprotocol",
                                        new string[] { "127.0.0.1" }, 8000);

        Assert.Fail();
    }
    catch (ArgumentException) { }
}
```

Y, por último, te dejo que adivines qué prueba el siguiente test:

```
[TestMethod]
public void zigSimpleStringTest()
{
    GZigEncoder zEncoder = new GZipEncoder();
    string msg = "En un lugar de la Mancha";
    string zipped, recovered;

    zipped = zenc.compress(msg);

    recovered = zenc.decompress(zipped);

    Assert.AreEqual( msg, recoverd );
}
```

Como se puede ver, son tests relativamente sencillos, rápidos y que se pueden repetir continuamente y sin dependencias externas.

Mientras que las pruebas unitarias prueban partes pequeñas e independientes de un proyecto, las pruebas de integración nos permiten comprobar que los módulos o diferentes componentes de una aplicación funcionan bien «juntos», como por ejemplo:

○ Procesos largos de lógica de negocio.

○ Validación de campos y su almacenamiento en repositorios de datos.

○ Procesos de login completos.

○ Generación de informes.

○ Orquestación de diferentes APIs para un flujo de trabajo complejo.

○ Etc.

La belleza y elegancia de un software complejo, reside en realidad en cómo se orquestan a alto nivel todos los módulos independientes de que se compone.

Para la ejecución de pruebas de integración se requiere de la generación de un entorno más complejo para poder lanzarlas: montar bases de datos de pruebas (e inicializarlas), levantar instancias de servicios REST o «web services», disponer de instancias de servicios en la nube de los que se depende o de activar contenedores, crear la adecuada estructura de archivos, etc.

Lo habitual es que para un proyecto existan muchísimas pruebas unitarias y una menor cantidad de pruebas de integración.

A continuación vemos algunos ejemplos reales.

El siguiente test de integración levanta un servicio «autohosteado» y comprueba que «responde»:

```
[TestMethod]
public void hostVirtualDCServiceTest()
{
    VirtualGatewayDTO gtw = VDCRepositoryHelper.removeAllGatewaysAndCreateNew(999, 10);

    Assert.IsNotNull(gtw);

    using (GatewayServiceHost gsh = VDCRepositoryHelper.hostVirtualDC(gtw.SerialNumber))
    {
        WanFactory wf = new WanFactory();
        string res = wf.createFromVersion(WanVersionImplemented.CurrentWanVersion)
                    .Request("localhost", gtw.Port, 1, VSReports.VSTestReportSyncType,
                        string.Empty, string.Empty, string.Empty, 1);

        Assert.AreEqual("test", res);
```

```
    }
}
```

La siguiente prueba lee de un ftp un conjunto de ficheros que genera aleatoriamente y comprueba que se guardan en la base de datos:

```
[TestMethod]
public void testFilesUploadAndProcess()
{
    FtpLoadFilesJob fJob = new FtpLoadFilesJob();
    string fileContent = TextGenerator.GetRandomContent();
    int maxCount = 200;

    RepositoryHelper.deleteIrisFilesContext();

    TasksTestsHelper.addFilesToFTP(fileContent, string.Empty, maxcount);
    fJob.loadFiles();

    Assert.AreEqual(maxcount,
IrisRepository.getRepository.File.retrieveFilesCountQuery());

    FileContentFilter fcf = new FileContentFilter();

    using (IrisContainer ctx = new IrisContainer())
    {
        var files = ctx.Files;

        foreach (var f in files)
        {
            Assert.AreEqual(fileContent, fcf.filterToLoad(f.FileData));
        }
    }
}
```

En el siguiente test en Javascript, se comprueba que se puede invocar sin errores una URL en local que internamente lleva un proceso bastante complejo de construcción de una imagen (para ello, en un paso previo a la ejecución del test, se ha instanciado un servidor web en http://localhost:3000):

```
it('# Two plugins', function(done) {
    let request = "http://localhost:3000/resize:w(100)/bw/" + finalImageName;
    var entityId = hashFromString.getRequestHash(request);

    requestBootstrap.processRequest(request, actionsManager, entityId)
        .then( (r) => {
            done();
        })
        .catch( (err) => { done(err); })
});
```

Y por último, en el siguiente test se comprueba que se crea un DTO y se guarda correctamente en la base de datos:

```
[TestMethod]
public void addBillingQueryTest()
{
    Iris.Tests.Common.TestsHelpers.RepositoryHelper.deleteIrisBillingsContext();

    IIrisRepository rep = IrisRepository.getRepository;

    BillingDTO bill = new BillingDTO()
    {
        SerialNumber = _sampleSerialNumber,
        DateTime = DateTime.UtcNow,
    };

    Assert.IsTrue(rep.Billing.add(bill) > 0);
}
```

Pruebas de rendimiento_

Son un tipo de pruebas que hace falta incluir para cubrir aquellos aspectos de la aplicación cuyo rendimiento es necesario que esté controlado y, por tanto, necesita ser testeado. Si bien las pruebas unitarias se pueden ejecutar frecuentemente y las de integración, al tener más dependencias y ser más pesadas, requiere de más tiempo para su preparación y ejecución, por su parte, las pruebas de rendimiento se deben ejecutar periódicamente pero con menos frecuencia que las anteriores, o bien plantear ejecutarlas como proceso de validación necesario antes de liberar una nueva versión del producto.

En ocasiones, las pruebas de rendimiento se ejecutan fuera de los entornos de tests y con aplicaciones específicas que miden y registran los tiempos de ejecución para cada prueba, alertando cuando los resultados no son los aceptables.

Suelo incluir las pruebas de rendimiento en un proyecto o carpeta independiente de nombre «benchmark».

Si haces optimizaciones de código en tu proyecto para mejorar el rendimiento, ¿cómo vas a comprobar si no el resultado? ¿De qué otro modo puedes darte cuenta de que algún proceso en concreto de la aplicación tarda mucho más en la nueva versión que en la anterior?

A continuación, indico un ejemplo en el que se añaden 30000 entidades a una base de datos Redis:

```
function benchMark_AddMultipleImages_Test1() {

    return new Promise( (resolve, reject) => {
        console.log( "Adding 30000 entities..." );
        const COUNT = 30000;
        var addEntityPro = [];

        for( var i = 0; i < COUNT; i++ ) {
```

```
        addEntityPro.push( blueEntities.addEntity( "img", _getSampleEntity() ));
    }

    Promise.all( addEntityPro )
        .then( (ids) => {
            console.log("30000 entities added");
            resolve();
        })
        .catch( (err) => {
            console.log(err);
            reject(); });
    });
}
```

Pruebas de validación_

Las pruebas de validación verifican que el software, a alto nivel y desde la perspectiva del usuario final, hace su cometido y cumple con las especificaciones. Son pruebas finales a partir de las cuales el usuario (cliente o el agente que actúa como tal en el equipo), valida que el producto software funciona correctamente en todos los casos de utilización relevantes identificados, como por ejemplo:

○ El usuario se registra correctamente.

○ Un usuario con el mismo mail no se puede registrar de nuevo.

○ No se admite un usuario con una contraseña débil.

○ No se admite un nuevo pedido con un identificador ya existente.

○ El sistema almacena la actividad de un usuario.

○ El rendimiento del sistema es el mismo con 1 millón de registros en la base de datos de usuarios.

○ Se puede añadir un nuevo producto.

○ No se admite añadir un producto sin su descripción.

○ El sistema responde bien cuando el usuario introduce errores adrede.

○ Etc.

No todas se pueden automatizar, de modo que algunas se suelen ejecutar manualmente a partir de la batería de pruebas de validación descritas en un documento denominado «Catálogo de pruebas de aceptación». De este modo, y muy resumidamente, solo podremos liberar una nueva versión de nuestro producto si:

○ Todas las pruebas unitarias pasan.

○ Todas las pruebas de integración pasan en cada uno de los entornos en los que se puede desplegar el sistema.

○ Todas las pruebas de rendimiento arrojan valores según lo esperado.

○ Todas las pruebas identificadas en el catálogo de pruebas de aceptación se ejecutan correctamente.

Un momento, todos estos pasos huelen a «proceso», lo que nos introduce en la gestión de la configuración, que es lo próximo que vamos a ver en el siguiente capítulo.

La gestión de la configuración_

Ya hemos visto que la naturaleza esencial de cualquier proyecto software, pequeño o grande, que da servicio al núcleo total o en parte de un negocio, que lo desarrolla una única persona o un equipo de veinte desarrolladores, es que evolucione. Punto. No hay más. Esto hay que entenderlo como algo intrínseco en el desarrollo del software.

Pero no solo cambia el código, también cambia absolutamente todo lo que lo rodea, todos y cada uno de los elementos que están involucrados en el desarrollo: herramientas, requisitos, nuevos entornos de despliegue, nuevos miembros en el equipo de trabajo en una rotación que es hasta natural, etc.

Lo que hemos visto a lo largo de los capítulos anteriores son elementos técnicos que, en su conjunto, hacen que un proyecto software pueda ser modificado más fácilmente; el objetivo no es otro que el de pasar de aplicaciones cerradas y monolíticas a aplicaciones profesionales mejor estructuradas, limpias, elegantes y con un diseño y arquitecturas fácilmente extensibles y evolucionables al menor coste y esfuerzo posibles.

Sin embargo, esto es necesario pero no suficiente.

Lo he visto en varias ocasiones, me temo: una aplicación o proyecto que crece rápido, en un equipo que también crece en número de desarrolladores que hay que digerir apresuradamente, organizar, formar e integrar, con nuevos requisitos que vienen y cambian a diario, etc. El resultado es un lío monumental porque aún existiendo una cultura técnica seria y consolidada de mejoras incrementales y de testing, se plantean las siguientes preguntas:

¿Cómo gestionar y canalizar los cambios que se le piden al sistema?

¿Es lo mismo gestionar un equipo de dos personas y otro de diez?

¿Cómo garantizar que una nueva versión del producto puede pasar a producción?

¿Cómo se gestiona e implementa cada cambio solicitado?

¿Cómo se controlan las prioridades en la elección de nuevos requisitos a implementar?

¿De qué forma los desarrolladores pueden plantear cambios estructurales para mejorar la aplicación (aún haciendo funcionalmente lo mismo)?

¿Cómo saber qué ha cambiado de una versión a la otra?

¿Cómo gestionar que coexistan diferentes versiones del mismo producto desplegadas en diferentes clientes?

¿Cómo garantizar la «calidad» del software entregado?

¿Cómo realizar rutinariamente retrospectivas para mejorar todos los procesos involucrados?

Un único producto, para un único cliente o negocio, que realiza una o dos personas, pues vale, quizá todo quede entre amiguetes y todo perfecto. Pero cuando se crece, en complejidad, número de desarrolladores y los requisitos para el negocio también crecen (y se vive de los beneficios que obtiene éste), estamos hablando de otra cosa totalmente diferente.

Es obvio que no se puede funcionar del mismo modo en el primer caso que en el segundo: aún aplicando todas las técnicas de refactoring y de código limpio y tomándonos muy en serio la existencia de tests de calidad: hace falta «envolver» todo ese trabajo en un esquema basado en «procesos» o flujos de trabajo («workflows»), que definan lo mejor posible cómo gestionar y dar respuesta a preguntas complejas similares a las anteriores. A esto se le conoce la Gestión de la Configuración (GC) en un proyecto software, y es una disciplina relevante dentro de la Ingeniería del Software.

Si estás en un equipo en el que:

o El caos es la tónica habitual.
o No se sabe bien qué hay que hacer o no existen prioridades claras.
o Se trabaja «saliendo del paso».
o Se vive apagando fuegos continuamente.
o Una llamada de teléfono de un cliente te hace temblar.
o Lo que se dijo ayer que se iba a hacer para hoy se cambia de un momento a otro...
o La metodología brilla por su ausencia.

Si vives así, jo, lo siento mucho, pero en tu equipo u organización le falta el establecimiento de una Gestión de la Configuración adaptada a la naturaleza de lo que hacéis.

La GC organiza toda la complejidad anterior para que cada interlocutor del proyecto sepa cómo actuar en cada momento y elimina la arbitrariedad típica que se suele resolver con imaginación en muchas situaciones no procedimentadas, mientras que aumenta la certidumbre que necesita el negocio o cliente.

El Libro Práctico del Programador Ágil no puede entrar en el detalle de tantas disciplinas tan importantes como interdependientes entre ellas y de gran contenido, pero sí pretendo darte la imagen completa de todo el ciclo de vida necesario para crear software mantenible y fácil de modificar. La GC tiene un papel muy importante en ello.

Existen diferentes enfoques de la GC según la metodología formal de Ingeniería del Software que se use (CMMi, etc.), pero aquí, puesto que este es un libro práctico, nos quedaremos señalando que una política de GC debe existir tan pronto como el producto y el equipo vaya creciendo en tamaño y complejidad y, como todo, la GC también es otro activo que se va mejorando continuamente a medida que se va aprendiendo sobre lo que mejor funciona y lo que no.

Dentro de la GC se distinguen diferentes responsabilidades, pero todas ellas se resuelven creando una base documental con procedimientos indicando el modo de proceder en los siguientes aspectos de la gestión y vida del proyecto.

Estos documentos no tienen por qué ser ni largos ni espesos, tan solo deben indicar cómo proceder en cada situación que afecte a las siguientes grandes áreas que describo a continuación.

(GC01) Recopilación de requisitos

Hay que indicar cómo se discuten, se negocian y cómo se recogen los nuevos requisitos. Según la naturaleza del proyecto, de los clientes y del equipo de trabajo, esto se hará de un modo u otro.

Es necesario el uso de una herramienta para documentar y guardar correctamente estos requisitos, las actas de las reuniones, etc., y que favorezca la discusión y aclaración de los requisitos.

(GC02) Gestión de requisitos

Es necesario decidir cómo se determina qué nueva funcionalidad se incorpora en el siguiente ciclo de desarrollo; también qué se hace con los requisitos que finalmente no son aceptados. La nueva funcionalidad debe salir siempre del catálogo de requisitos discutido y consensuado anteriormente.

(GC03) Gestión de incidencias

¿Cómo se resuelven los errores críticos que se detectan en el cliente? Esto no puede resolverse del modo que sea y según la disponibilidad, ganas o arbitrariedad del desarrollador que lo solucione: hay que documentar cómo se resuelven estas situaciones y cómo se determina si hay que generar una nueva versión del producto con el error corregido.

(GC04) Control de código fuente

A veces se confunde la GC con la definición de cómo se gestionan las nuevas versiones, pero ya hemos visto que la GC es mucho más que eso. Sorprende la cantidad de equipos que ni siquiera se molestan en definir una política clara de gestión de versionado del código fuente; esto no es trivial, si no hay reglas claras, aumentan las colisiones, los problemas y se tiene un equipo menos eficiente.

Esta parte de la GC indica cómo, cuándo y por qué se pasa de una versión a otra del producto, además de definir incluso cómo se etiqueta cada versión del mismo.

Es habitual utilizar el tipo de versionado semántico «x.y.z», en donde:

○ «x» indica el número de versión cuya API es incompatible con las anteriores o funcionalidad de alto nivel es muy diferente.

○ «y» indica una nueva versión en la que se han incluido mejoras y nueva funcionalidad, pero compatible con la «x» actual.

○ «z» indica una nueva versión en la que se corrigen errores, pero compatible con la «x» e «y» actual.

Por poner algunos ejemplos, para un mismo producto, las versiones 1.0.0 y 2.0.0 son incompatibles entre ellas y para pasar de la una a la otra, si se puede, se exige un proceso de migración o actualización. Hablamos, en realidad, de dos productos diferentes ya que los cambios entre uno y otro han sido significativos, aunque para pasar a la 2.0.0 se haya partido de la 1.x.x.

La versión 2.4.0 con respecto a la 2.3.0 indica que hay mejoras compatibles con la versión 2, o que se ha añadido nueva funcionalidad, también compatible con la versión 2.

En este caso, no suele ser necesario ninguna migración de una versión a la otra.

Y siguiendo con el ejemplo, la versión 2.4.12 con respecto a la 2.4.11, indica que se han corregido algunos bugs o introducido algunas mejoras menores.

La cuestión es de qué forma documentar qué existe de nuevo en la versión 2.4.0 con respecto a la 2.3.0, o cómo documentar e informar sobre qué errores se han corregido en la 2.4.12, etc.

O peor aún, ¿qué requisitos se han implementado en la versión 2.5.0? De todo esto se encarga la Gestión de la Configuración, de documentar cómo hacer todo ese trabajo de forma ordenada y que todos los miembros del equipo de desarrollo sean coherentes a la hora de realizar cada paso y tarea.

Y todo esto se traduce en una cosa: control, productividad y más certidumbre para la organización.

En relación al uso de una herramienta de control de versiones, la GC del equipo también debe indicar cómo usarla mediante el flujo de trabajo correcto para cada cada caso: ¿se hace un nuevo «branch» o rama para cada nuevo requisito relevante que luego se integra en la línea principal? El procedimiento de la GC para el uso de la herramienta de control de versiones debe indicar con detalle cómo usarla.

(GC04) Control de calidad e informes

Deben existir procedimientos que indiquen cómo aceptar una nueva revisión del producto para garantizar que todo esté bien antes de desplegarlo o liberarlo.

Por ejemplo, podría definirse para cada versión un catálogo de pruebas de validación que debe ser verificado para cada entorno posible de despliegue.

En ocasiones, una nueva versión viene acompañada de un informe en el que se incluyen los detalles acerca de la ejecución de los tests realizados y su correcto cumplimiento. El formato de ese informe también lo debe definir la GC de la organización.

Creo que hasta aquí se ve claramente por qué hay que definir una buena política de GC transparente para todos los involucrados en el desarrollo de un producto software. Solo con un catálogo de procedimientos de Gestión de la Configuración obtendremos una organización que trabaja con mayor orden y rigor, y esto, en definitiva, afecta a la calidad del software que desarrollamos.

Por último, la existencia de un mínimo conjunto de procedimientos no es incompatible con el desarrollo ágil. La GC trata de ordenar procesos complejos, aunque cada ciclo de desarrollo siga una metodología ágil como Scrum y todas sus prácticas como «peer programming», retrospectivas, etc.

Integración continua_

En desarrollo de software existe una ley fundamental: cuanto antes detectemos un error, antes podremos resolverlo y más «barato» será corregirlo.

Tan pronto como nos demos cuenta de que un método ha dejado de funcionar a partir de la última modificación o debido a que alguna de sus dependencias ha dejado de comportarse del mismo modo, más rápido podremos arreglarlo; si un compañero realiza un «check in» o un «push» con la herramienta de control de versiones y se detecta que algo ha dejado de compilar, más rápido podremos solucionar el problema.

El «cambio», como hemos visto (hasta de un modo algo pesado e insistente a lo largo de este libro), es algo consustancial y esperado en el desarrollo de software desde un enfoque ágil, por tanto, no solo debe estar todo respaldado por tests de un tipo u otro sino que, además, debemos disponer de un entorno que nos permita ser lo más productivos posible, esto es, debemos aspirar a dedicarnos la mayor parte del tiempo a incluir o mejorar funcionalidad, no a arreglar con desgana problemas que con un flujo de trabajo mejor, ni siquiera se presentarían. En el próximo capítulo hablaré de las técnicas de productividad que más utilizo y espero convencerte de que programar bien no es solo escribir código, sino de tener un entorno que te permita trabajar correctamente.

Por decirlo de algún modo: tu trabajo será mejor y más profesional en tanto que tus flujos de trabajo sean mejores y más profesionales.

La integración continua (IC) consiste en disponer de una plataforma que ejecuta los tests del proyecto de forma automática y sin intervención manual. Esto nos permite ser avisados cuando algo en el código «se rompe» o dejan de funcionar algunos de los tests.

Trabajar de la mano de un entorno de IC, es un síntoma de profesionalidad y necesario en cualquier proyecto de cierto tamaño.

Mantener activo un sistema de IC supone cierto esfuerzo, tanto en tiempo para su puesta en marcha y mantenimiento como en coste económico. En realidad, no es un coste, es una inversión, ya que utilizarlo correctamente nos permite avanzar mucho más rápido en el proyecto y dormir tranquilos sabiendo que todos los cambios y mejoras introducidas en el día anterior no han invalidado ningún test. Nada peor que darnos cuenta a dos días de liberar una nueva versión del producto, que muchos de los tests de integración dejaron de funcionar semanas atrás; ese lapso de tiempo nos complicará la vida porque seguro que será más complicado arreglarlos y, además, de un día para otro surge una nueva carga de trabajo inesperada para corregirlos.

Si trabajas solo, tú mismo te puedes montar tu propio entorno de integración continua: por ejemplo, únicamente tienes que asegurarte de disponer de una aplicación que tras detectar un cambio en el código (un nuevo «commit», «push» o el cambio en algún archivo), vuelva a lanzar todos los tests, y, si alguno falta, que te lo indique de algún modo.

Disponer de un entorno de IC es necesario y útil tan pronto el proyecto software tenga alcance cierta complejidad, pero va de la mano también de la definición de un conjunto de «flujos de trabajo», esto es, hay que procedimentar (poner por escrito, vaya) de qué forma se usará y qué hacer en cada posible situación.

Lo importante de la IC es que sea una tarea desatendida: se trabaja en el proyecto y, de forma transparente, se ejecutan los «flujos de trabajo» automáticos relacionados con la IC.

Para proyectos en los que intervienen varios o muchos desarrolladores y productos que tienen que ser probados en multitud de entornos diferentes, el entorno de IC es indispensable y puede tener su propia complejidad, requiriendo incluso un rol específico para esa tarea: desde levantar máquinas virtuales o «contenedores», compilar, desplegar, ejecutar tests, lanzar tests de rendimiento (previamente configurados), etc.

Independientemente de la complejidad del entorno, el objetivo que se persigue es el mismo: automatizar la detección de fallos en el producto software cuanto antes.

Un entorno de IC no es útil por sí mismo, hacen falta definir con detalle los flujos de trabajo correspondientes, pero éstos tienen que adaptarse a tu equipo, tu producto, la metodología empleada, etc. Estos flujos de trabajo tienen que ser conocidos por todos los desarrolladores y también forman parte de la Gestión de la Configuración que veíamos en el capítulo anterior.

Los flujos de trabajo deben cubrir los siguientes aspectos:

o ¿En qué momento exacto se lanzan los tests unitarios, de integración, de validación, etc.? Según el tipo de proyecto, puede que lanzar los tests de validación finales no sea trivial y requiera incluso de un coste por tener que montar bases de datos en la nube, blobs inicializados, servidores ftp, etc. Se puede indicar que los tests unitarios se lancen cada vez que la herramienta de control de versiones detecte un cambio y que los de integración se lancen cada hora, por poner un ejemplo.

o Hay que indicar qué hacer tan pronto como se detecte que algún módulo del proyecto ha dejado de compilar o algunos tests han dejado de pasar. ¿Avisar con un email al desarrollador que hizo el último cambio o al responsable del proyecto? Tan pronto como haya un error, es urgente corregirlo. Una buena gestión de la IC en el proyecto debe permitir que todos los tests pasen correctamente la mayor parte del tiempo: ya hemos visto que lo contrario lastra la productividad.

o Se tiene que tener claro el flujo de trabajo del desarrollador antes de realizar un nuevo «push» al gestor de código fuente. Por ejemplo, un buen proceso ante cualquier cambio realizado en el código, sería:
  o Lanzar en local todas las pruebas unitarias y corregir si alguna se ha roto. Por definición, los tests unitarios deben ser rápidos de ejecutar.
  o Realizar el «commit».
  o Actualizar el proyecto con lo último que existe en el repositorio de código y comprobar que no hay conflictos. Si los hay, resolverlos.
  o Volver a lanzar todos los tests unitarios.
  o Si no hay tests rotos, realizar por último el «push» al repositorio común.

La Gestión de la Configuración debe indicar este tipo de flujos de trabajo y se deben automatizar si es posible.

Existen multitud de entornos de IC según las tecnologías que se usen. Hoy en día, con la facilidad de crear recursos de computación con las APIs que ofrecen los distintos proveedores de servicio «cloud» (Azure, AWS, Rackspace, Digital Ocean, etc.), así como la tecnología de «contenerización» (básicamente, Docker) y de máquinas virtuales, crear entornos de IC desde lo más simple hasta lo más elaborado, nunca fue tan fácil y, sobre todo, con coste tan reducido.

Jenkins, Visual Studio Online, Travis, GitLab CI, etc., son entornos habituales que facilitan la creación de un entorno de integración continua.

Técnicas de productividad para desarrolladores_

La conectividad ubicua que vivimos hoy día ha traído como consecuencia efectos positivos pero también negativos: estamos ante una auténtica epidemia de falta de atención, de dispersión mental y de una incapacidad cada vez mayor de mantenernos en estado de concentración profunda durante un tiempo prolongado.

Si esto no afecta a un trabajo de naturaleza creativa y que requiere de estar muy enfocados para resolver problemas, y resolverlos bien, que venga alguien y que lo demuestre. Para colmo, se ponen de moda ciertos CEOs que se levantan a las cinco y media de la mañana como única posibilidad de trabajar enfocados antes de que el móvil y el correo comiencen a echar humo. Tenemos más medios para ser más productivos que nunca pero lo que hacemos es cargar la agenda cada vez más con una incapacidad total de mantenernos concentrados más de media hora...

Sin ninguna duda, un equipo de trabajo que realiza su actividad en un entorno adecuado, con el menor número de distracciones y muy enfocado en las tareas en las que se divide el proyecto, generará un resultado de mucha mayor calidad y con mayor satisfacción.

Al igual que cualquier otra actividad, programar «bien» no es solo cuestión de conocimientos técnicos, sino de saber «trabajar correctamente», en un contexto social y laboral en el que padecemos cada vez más una proliferación de dispositivos y aplicaciones que compiten por nuestra atención las veinticuatro horas del día y que terminan, a menos que lo evites, por consumir gran parte de tu tiempo de forma improductiva y, lo peor, impidiéndote estar concentrado en una misma tarea más de unos pocos minutos. «La dinámica de la dispersión» es una nueva enfermedad del siglo XXI.

Pero, ¿qué es la productividad? No es trabajar más horas, sino la capacidad de producir «más» de la forma más eficiente posible, optimizando los recursos que tienes a tu alcance, es trabajar mejor para realizar productos de mayor calidad con menos esfuerzo, y, me atrevo a decir, en un trabajo creativo como el desarrollo de software y todas las actividades que lo rodean, la productividad está relacionada directamente con trabajar concentrado, enfocado, sabiendo en todo momento cuál es el siguiente paso y bajo el marco de flujos de trabajo bien identificados y definidos.

Ser productivos es saber gestionar bien el único recurso escaso del que disponemos, que es el tiempo. Para ello, es necesario apoyarnos en un conjunto de herramientas para «sacar de la mente» todos los detalles necesarios para avanzar y dedicar casi todos nuestros esfuerzos a «crear». Además, me atrevo a decir que ser productivos viene acompañado de disfrutar de una mayor satisfacción en nuestro trabajo.

Sobre la productividad, aceptemos los siguientes «hechos».

Hecho #1: cualquier tarea de naturaleza creativa, necesita de una capacidad de concentración elevada.

Y ya sabemos que programar bien, es más que un arte, y que programar desde un enfoque ágil mediante mejoras incrementales, también.

Hace un tiempo leí el libro de Cal Newport «Deep Work: Rules for Focused Success in a Distracted World», y en él se afirma que la «atención» va a ser un recurso cada vez más escaso, de modo que los mejores profesionales (y los más demandados) serán aquellos que gestionen mejor su atención y su capacidad de concentración.

No puedo estar más de acuerdo, ya que yo mismo, si echo la vista atrás y veo cómo se trabajaba hace quince años o al inicio de mi carrera profesional, puedo comprobar que hay muchas diferencias.

No hace tanto, las posibilidades de distracción e interrupción eran mucho menores; éramos, digamos, personas menos dispersas en tanto que lo que teníamos a nuestra disposición para aprovechar los ratos muertos del metro o el bus, eran un periódico, un libro o uno de los primeros reproductores de mp3. Ahora llevamos un «smartphone» que nos da todo eso y mucho más en el mismo dispositivo, incluida una infinidad de opciones, herramientas de trabajo y de ocio creativo pero también distracciones, interrupciones y formas de perder el tiempo.

Hecho #2: prueba a poner el móvil en modo avión una hora y a programar sin conexión a Internet tan solo con el editor abierto. ¿Te sientes nervioso o como si te faltara algo? Puff...

Vivimos estresados innecesariamente con interrupciones que casi nunca nos aportan algo útil, la mayoría de ellas son fútiles e intrascendentes y, cuando menos, nos retrasan en la tarea que estamos realizando: confundimos el ocio con saber trabajar bien.

Es cierto que podemos controlar las interrupciones hasta cierto punto, pero para ser realista, pocas personas lo hacen, porque esa notificación de tus colegas o pareja, esa noticia de última hora o el último mensaje de un primo tuyo en Facebook, te saca de la tarea, quizá aburrida, que estás haciendo por un instante, de modo que parece que así se pasa el día mucho más ameno, pero no te das cuenta de que apenas has podido concentrarte en nada y, por tanto, lo que podías haber terminado en una hora, tardas varias, con un resultado acumulativo desastroso a lo largo del mes. Quizá te escondas en esa dinámica porque en realidad no soportas tu trabajo, aunque aquí hablo de ser productivos para gozar de mayor satisfacción entendiendo que disfrutamos con lo que hacemos y que no nos gusta perder el tiempo, precisamente por eso: para disponer de ¡más tiempo!

El primer paso para vivir super estresado es... no saber gestionar correctamente tu tiempo.

Hecho #3: pagas un precio muy alto por esa dispersión continua, aunque no te des cuenta.

Nadie termina un proyecto importante y complejo, del tipo que sea, de un día para otro; nadie se pone en forma de la noche a la mañana, nadie pierde diez kilos en un fin de semana... ¿Cómo se llega siempre de un punto A a un punto B en cualquier ámbito importante de nuestras vidas? Poco a poco, no hay más, mediante un efecto acumulativo y a pequeños pasos. Este libro es un simple ejemplo de ello: en los ocho meses que ha durado su elaboración, he ido avanzando en él casi a diario a pequeños pasos y con mucha planificación, compatibilizándolo con el resto de mis responsabilidades profesionales, domésticas y familiares.

Como desarrolladores de software, esta dispersión mental tiene un efecto devastador, puesto que, como sabemos, debemos tomar decisiones de diseño continuamente (microdiseños), debemos estar atentos a cualquier posibilidad de refactorización, etc., y nuestro trabajo es en gran medida incremental: construimos software sobre lo que hicimos ayer, antes de ayer, etc. No en vano, tal y como describía en El Libro Negro del Programador, muchos proyectos fracasan por el entorno caótico y desorganizado que lo acompaña, no por el déficit técnico de los desarrolladores.

Hecho #4: escribirás mejor software cuanto más seas capaz de permanecer concentrado. No hay más.

Hay quien puede permanecer una hora en esa inmersión mental como mucho, otros, dos o tres. Perder la concentración nos cuesta una media de veinte minutos para volver al mismo estado que teníamos antes, y si sabemos que solo podemos hacer un buen trabajo (y en menos tiempo), estando concentrados, entonces esto es una necesidad obligada.

Yo lo he comprobado en mí mismo: mi «espacio de concentración total» no dura más de hora u hora y media, esto quiere decir que a lo largo de un día normal de trabajo, no puedo realizar más de cinco o seis «tareas» con una concentración intensa y adecuada, por tanto, a la semana entre treinta y cuarenta, etc. Si me permito una forma de trabajar dispersa y con interrupciones continuas, ¿puedo llegar al final de la semana con todo realizado en el mismo tiempo y del mismo modo? Es evidente de que no.

Hay muchas razones que nos impiden trabajar concentrados (a lo mejor te suenan):

○ Interrupciones telefónicas.
○ Un compañero de al lado muy pesado.
○ Avisos de notificaciones continuas desde el móvil o la barra de tareas de tu sistema operativo.
○ Reuniones improvisadas.
○ Mantener el cliente de correo abierto continuamente y estar atento a nuevos emails en la bandeja de entrada a los que respondes en el acto.
○ Tener en la cabeza ese ronroneo continuo de algo incómodo que tienes que hacer durante el día...

El entorno puede que tampoco ayude:

○ Trabajas en una oficina con ruido constante y con muchas distracciones visuales.
○ Tu lugar de trabajo es hostil y, por alguna razón, no te encuentras cómodo en él. No en vano, el Feng Shui es una disciplina milenaria para rodearte de espacios organizados y mejores en los que te encuentras más cómodo.
○ Tienes el escritorio hecho unos zorros, sin darte cuenta de que ese desorden afecta

también a tu concentración.

Pero, ¿cómo trabajar centrado en una tarea durante un tiempo razonable para terminarla bien y en poco tiempo? Para bien o para mal, desde hace años tengo que atender multitud de asuntos que no tienen nada que ver entre ellos, desde gestionar ofertas comerciales, atender asuntos de recursos humanos, redactar documentos, atender a clientes hasta tareas más técnicas como participar en el diseño y arquitectura de los nuevos proyectos. Si no consigo un equilibrio claro entre todos esos tipos de trabajo tan distintos, me habría vuelto loco hace mucho tiempo. ¿Cómo? Tratando de gestionar mejor mi tiempo y con mucha organización (y aún así, nunca termina de desaparecer esa sensación de que no das a basto).

Aquí van algunos consejos que aplico desde hace mucho tiempo:

○ Suelo tener cada día identificadas las tareas que debo realizar. Parece una trivialidad, pero saber qué diez asuntos tienes que atender en las próximas horas, te produce la sensación de trabajar en un entorno más controlado y tranquilo, y esto favorece la capacidad de concentración. Tu mente genera sosiego tan pronto como sabe con certidumbre lo que te espera en el resto del día, te guste más o menos.

○ Te quitas de encima en primer lugar las tareas que menos te gustan. Nada peor que trabajar sabiendo que aún te queda pendiente esa llamada incómoda o ese informe aburridísimo que tienes que terminar (o esos tests pesados que dejaste ayer a medias, o aquel bug difícil de corregir).

○ Si tienes la opción del teletrabajo, encuentra un lugar cómodo y que te inspire donde sepas que no te van a interrumpir.

○ Cierra cualquier cosa que te pueda molestar mientras estás realizando la tarea (gestor de correo, notificaciones, pones el móvil en silencio, etc.).

○ Si es necesario, indica con alguna señal a tus compañeros que en la próxima hora necesitas que no te interrumpan. Si estás en casa y si es necesario, dile a tu pareja que necesitas estar concentrado y sin interrupciones.

○ Autosecuéstrate: indica a tus responsables o compañeros que hoy, de diez a dos, quieres dejar de existir para el mundo para centrarte al máximo en algunas tareas difíciles y exigentes que tienes por delante. Esto funciona de maravilla, aunque parezca de excéntricos.

○ Evita responder a llamadas en el periodo en que estás inmerso en la tarea. Trata de discriminar de todas las llamadas de la semana, cuántas eran realmente urgentes y que tenías que atender en tiempo real. Seguro que te sorprende. O gestionamos nuestro propio tiempo, o, sin duda, otros vendrán a gestionarlo por nosotros, vampirizándolo sin contemplaciones, todo depende de si les dejas o no.

○ Reduce al máximo la necesidad de trabajar colgado al teléfono continuamente: si acostumbras a que te llamen para todo, serán los demás quienes gestionen tu tiempo, y no tú, cuando, de verdad, en muy pocas ocasiones hay algo verdaderamente urgente que atender. Por extraño que parezca, a los clientes también se les puede instruir para que su forma de contacto eficiente contigo sea el correo. Es más, es mucho mejor utilizar un «help desk» o un simple correo a una dirección específica para hacer el correcto seguimiento de cualquier petición. Al final, las palabras de una conversación se las lleva el viento y siempre son más fáciles de malinterpretar.

○ Si tu jefe no es receptivo en relación a esto, cómprale un ejemplar de Deep Work o explícale que lo que quieres es ser más productivo y aumentar la calidad de lo que haces.

○ Implanta la técnica del Pomodoro para la realización de tus tareas.

○ Deja para la mañana las tareas más exigentes, de diseño y de desarrollo de código, y para la tarde, las de creación de tests, documentación, mejoras, etc. Después de dormir, el cerebro tiene más energía para las tareas creativas, aunque para esto, lo mejor es que te conozcas a ti mismo y sepas cuándo funcionas mejor según qué tipo de trabajo.

○ Dedica unos minutos por la tarde o noche a repasar mentalmente, aunque sea por encima, lo que tienes que hacer al día siguiente. Mágicamente, en el día siguiente tienes que dedicar mucho menos esfuerzo para organizar la jornada.

○ Huye como de la peste de los vampiros de tiempo (y si me apuras, de la gente tóxica que en el tiempo que dura un café, te extrae toda la energía de la mañana).

○ Anota tu productividad en forma de tareas realizadas, verás cómo haciendo pequeños cambios como los descritos anteriormente, vas a obtener mejores resultados.

Y si quieres ser todavía más frikie, dedica unos minutos al día a meditar cada cierto tiempo...

Existen técnicas para gestionar el tiempo y producir más y de forma más ordenada. Antes mencionábamos la del Pomodoro (de Francisco Cirillo), y que describimos a modo de resumen a continuación:

○ Elige una tarea a realizar.

○ Dedícate a ella los próximos veinticinco minutos aproximadamente (se sugiere utilizar un temporizador). A la técnica le da nombre esos temporizadores de cocina con forma de tomate («pomodoro» significa tomate en italiano).

○ A continuación, descansa unos minutos.

○ Vuelve a repetir el proceso tres o cuatro veces más, alargando el tiempo de trabajo cada vez, y, a continuación, haz un descanso más largo de veinte minutos o treinta.

Otra técnica que utilizo desde hace años es la de los dos minutos: tan pronto como surja «algo» que puedes resolver en menos de dos minutos, lo haces inmediatamente. Parece una sandez, pero de ese modo te quitas de encima ese ronroneo mental continuo que tendrías para que no se te olvidara hacerlo.

Si tus responsabilidades te obligan a atender asuntos muy diferentes, está muy extendida la técnica de GTP («getting things done», de David Allen) y que consiste básicamente en agrupar en «colas» de tareas todo lo que tienes que hacer, ordenarlas periódicamente y seleccionarlas inteligentemente para avanzar de forma ordenada.

Independientemente de las técnicas de productividad o de gestión de tareas que utilices, es necesario utilizar un conjunto de herramientas para hacerlo correctamente, como Wunderlist, Trello o Asana, cuando no directamente las utilidades que puede ofrecer directamente el IDE como el de Visual Studio o la herramienta de gestión de proyectos que se utilice en tu equipo.

Parece que dedicar tiempo a gestionar esas herramientas supone en sí mismo una pérdida de tiempo, pero es justo lo contrario: no tener en la cabeza tu «lista de tareas mental» permite estar más concentrados y saber distinguir continuamente lo importante, urgente y prioritario. La base de cualquier técnica de gestión del tiempo eficiente siempre consiste en «sacar de la cabeza» lo que tenemos que hacer, porque ni nuestra mente ni memoria son perfectas y porque determinar lo prioritario depende de los objetivos a medio y largo plazo, y esto requiere de planificación (que es una tarea en sí misma), no de saber de un segundo a otro a qué nos tenemos que dedicar en la próxima hora.

Tener las tareas identificadas para los próximos días en un tablero como los de Trello o siguiendo un método tipo Kanban, te permite trabajar en un entorno más ordenado y enfocado, sabiendo en todo momento si vas a buen ritmo o si vas a llegar al jueves con la mitad de las tareas asignadas para la semana aún por completar.

Ahora bien, de ti depende tener la disciplina necesaria para vaciar completamente tu lista de tareas antes de introducir una nueva: optimizar tu tiempo te exige también mucha disciplina personal y, sobre todo, saber en cada momento lo que «hay que hacer», no lo que «tenemos ganas de hacer».

Algo que suelo repetir hasta la saciedad: dedicar tiempo a «planificar» tu trabajo de los días siguientes, tiene un efecto multiplicador en los resultados, siempre y cuando tengas la disciplina de mantenerte fiel a las tareas que te has asignado a ti mismo, dentro del contexto de tu organización y equipo de trabajo, claro está.

Por último, nada peor que decir «sí» a todo lo que te surja: sí a esta reunión improvisada, sí a ese favorcillo para tal cliente, sí a atender a esa solicitud no esperada de un cliente que no respeta el flujo de trabajo de la compañía, sí a pasar de los procedimientos establecidos dentro de tu propia organización, etc. Puede que así le caigas bien a todo el mundo, pero a costa de tu estrés y de saber que estás retrasando lo que es importante para tus propios objetivos.

Programar es un trabajo creativo, programar bien requiere de crear ese entorno que fomente la creatividad y, sobre todo, que permita trabajar enfocados la mayor parte del tiempo.

Para terminar_

Puedo decir que he pasado por distintas etapas profesionales desde que comencé a estudiar Ingeniería Informática en mi universidad. Ha llovido mucho desde entonces, y para lo bueno y para lo malo, he visto cómo hacer software mal y en las peores condiciones pero también cómo hacerlo mejor en proyectos que han durado en explotación años.

De todo ello hablo en mi web (www.rafablanes.com) y, en especial, en mi anterior trabajo «El Libro Negro del Programador».

Incluir las prácticas ágiles, a pesar de que existen desde que hice la comunión..., supuso un antes y un después en mi modo de programar y en mi visión integral del desarrollo de software, tanto técnico como humano. Sin duda he tenido fracasos, pero también éxitos que, por decirlo de algún modo, «me dan hoy día de comer», como algunos de los productos desarrollados en la compañía en la que participo desde hace siete años.

Programar de forma «ágil» consiste en comprometerse completamente con cuidar cada pequeño detalle (nombres de variables, lógica más simple, comentarios indispensables, diseños basados en principios, realizar tests continuamente, etc), tener la disciplina de seguir los flujos de trabajo definidos (acerca de cómo usar la herramienta de control de versiones, la herramienta de seguimiento de proyecto, etc.) y tener el valor de tirar a la basura aquello que no se implementó del todo bien pero que, para hacerlo más testeable, requiere de un replanteamiento.

El programador «ágil» piensa más en el largo plazo (software más barato de mantener y evolucionar y más fácil de corregir) que en el corto plazo (software más cerrado que se hace para salir del paso). Lo sorprendente es que la segunda opción siempre termina resultando la más cara. A mí esto me lo enseñó la experiencia (a un alto coste, claro); con este libro, espero haberte ahorrado mucho esfuerzo antes de cometer todos los errores que yo mismo cometí y haber mejorado tu trabajo con todas las prácticas que yo mismo utilizo en mi día a día desde hace años.

Un programador «ágil» no solo piensa en su trabajo, sino en saber trabajar en un equipo coherente y además piensa en todo momento en facilitarle la tarea al programador que venga detrás dejándole las cosas realizadas profesionalmente. Es decir, el buen profesional no solo lo es por lo que hace, sino también por su actitud en relación al resto de la compañía para la que trabaja.

Todas las prácticas de las que he hablado a lo largo de los capítulos anteriores, suponen un conocimiento completo para poder enfocar el desarrollo de software mucho mejor de lo que se haría sin ellas. Sin embargo, cada disciplina (testing, refactoring, código limpio, integración continua, gestión de la configuración, etc.) es un mundo en sí mismo, de modo que animo a cualquier programador que profundice en ellas tanto como pueda como parte de su trabajo habitual. Con el tiempo y la experiencia, integrarás todas esas técnicas y actitudes en tu día a día, hasta que hagas las cosas olvidando incluso que estás aplicando en realidad ese refactoring bien documentado, o que sigues SRP en todas y cada una de las clases que implementas.

Al igual que un piloto no obtiene la licencia hasta haber completado esas cientos de horas de vuelo, el desarrollo de software requiere también de mucho rodaje y experiencia, de modo que la única forma de aprender de verdad y de pasar de junior a senior es tener detrás de ti todos esos proyectos completados y todas esas miles de horas haciendo lo que más nos gusta, que es programar y crear soluciones que aportan valor y mejorar en alguna medida la vida de los demás.

Confío en que este libro te haya servido para ampliar el marco de trabajo de tu día a día, que te haya inspirado como punto de partida para profundizar en todos los temas tratados y que además hayas disfrutado con cada capítulo tanto como yo al redactarlos.

Seguimos en contacto en contact@rafablanes.com.

Rafa G. Blanes, programador
Sevilla, a 1 de enero de 2019

Bibliografía_

A continuación, indico algunos de los libros que considero más relevantes para cualquier desarrollador de software y algunos de productividad:

Code Complete: A practical handbook of software construction, de Steve McConnel

Código Limpio: Manual de estilo para el desarrollo ágil de software, de Robert C. Martin

Continuous Delivery: Reliable software releases through build, test and deployment automation, de Jez Humble y David Farley

Continuous Integration: Improving software quality and reducing risk, de Stephen M. Matyas

El Principio de Sorites, de Ian Gibbs

El Proceso de Gestión de la Configuración. Un Enfoque Práctico, de María Isabel Sánchez Segura

How Google Tests Software, de Peter Wright

Mapas Mentales, de Tony Buzan

Organízate con Eficacia, de David Allen

Patrones de Diseño, de Erich Gamma

Refactoring: Improving the design of existing code, de Martin Fowler y Kent Beck

The Agile Samurai: How Agile Masters Deliver Great Software, de Jonathan Rasmusson

The Clean Coder: A code of conduct for professional programmer, de Robert C. Martin

The Nature of Software Development: Keep it simple, keep it valuable, build it piece by piece, de Ron Jeffries

The Pragmatic Programmer, de Andrew Hunt

The Pommodoro Technique, de Francesco Cirillo

Version Control with Git: Powerful tools and techniques for collaborative software development, de Jon Loeliger y Matthew McCullough

Otros trabajos de Rafael Gómez Blanes_

The Coder Habits: Los #39# Hábitos del Programador Profesional

{ The Coder Habits }

LOS #39# HÁBITOS
DEL PROGRAMADOR
PROFESIONAL

Rafael Gómez Blanes

Autor de El Libro Negro del Programador
y El Libro Práctico del Programador Ágil

Ediciones BMT

Un buen programador no solo escribe código sino que, además, incorpora en su día a día rutinas, trucos y actitudes que le permiten ser más productivo, más creativo y un profesional aún mejor. Repítelas y asúmelas como algo natural hasta convertirlas en hábitos y, solo entonces, habrás dado un salto de nivel en tu carrera.

Lo único que distingue a un buen profesional de otro del montón, son sus hábitos.

No es necesario trabajar muchas más horas, sino hacerlo con más eficacia, productividad y más concentrado. No generes software con tantos bugs sino que programa mejor con las buenas prácticas de diseño y código limpio. Adopta las 'soft-skills' necesarias para un programador. Tampoco es necesario esforzarse hasta la extenuación, sino asumir de verdad los hábitos de un programador experto y más cotizado. Y así hasta completar las treinta y nueve píldoras de sabiduría descritas en el libro que te van a llevar varios pasos más allá en tu carrera.

Comprenderás por qué hay quienes hace mucho más con menos esfuerzo, y quienes se esfuerzan mucho y consiguen poco.

El Método Lean MP

Aprende a emprender

El método
Lean MP

Gestiona tu proyecto emprendedor de forma sencilla,
simple y eficaz mediante la Matriz de Procedimientos

RAFAEL GÓMEZ BLANES

Autor de El Libro Negro del Programador
y El Libro Práctico del Programador Ágil

Ediciones BMT

Desarrollar un proyecto emprendedor, digital o no, es una actividad apasionante, creativa y la puerta para posicionarte como mejor profesional, mejorar tus ingresos y crecer. Pero... ¿qué ocurre una vez que has puesto tu proyecto a disposición de los usuarios? Las ventas nunca llegan solas. La gestión posterior al lanzamiento es igual o más importante que la solución, producto o servicio que ofreces. Siguiendo la metodología "lean", con el método Lean MP y su Matriz de Procedimientos, tienes una forma sencilla, práctica y ágil de gestionar, controlar y mejorar todos los aspectos de tu negocio, sin necesidad de un MBA de renombre ni de contratar a un CEO multimillonario.

El Libro Negro del Programador

En 2014 publiqué la primera edición de El Libro Negro del Programador, con una segunda versión revisada en 2017. En ese primer trabajo, indicaba todas aquellas malas prácticas que hacen que un proyecto software termine en fracaso, desde las malas dinámicas de grupo y falta de metodología hasta por qué se produce la «deuda técnica».

En cierto modo, El Libro Práctico del Programador Ágil es la versión técnica de aquel primer libro que tan buena acogida ha tenido estos años.

Se puede adquirir en Amazon y en Google Play.

www.ingramcontent.com/pod-product-compliance
Lightning Source LLC
Chambersburg PA
CBHW060145060326
40690CB00018B/3989